Par Oelsner. Voy. Barbier.

~~Par M. Sattin.~~

DES
OPINIONS POLITIQUES
DU
CITOYEN SIEYES.

ERRATA.

PAGE 80, 9e ligne du 2e alinéa, *si elle peut prononcer :* lisez *si elle ne peut prononcer.*

Page 139, à la note, ligne 5, *qui multiplient :* lisez *qui multiplie.*

Page 141, à la note, dernière ligne, *qui doivent le guider dans ses fonctions :* lisez *qui doivent le guider.*

Page 144, lig. 18, *ont essuyée :* lisez *ont essuyé.*

Page 160, dernière ligne : *il n'était pas possible*, lisez *il était impossible.*

Page 174, ligne 1re, *ceci peu :* lisez *ceci peut.*

Page 184, ligne 3, *Si on voulait croire tous ces misérables, il n'y aurait plus ni liberté ni république, et la seule ressource qui resterait au peuple bientôt :* lisez *Si on voulait croire tous ces misérables, il n'y aurait bientôt plus*, etc.

Idem, ligne 18, *sans elle :* lisez *sans cet art précieux.*

Page 211, ligne 15, *d'une bonne :* lisez *d'une exacte.*

Idem. ligne 22, *manque :* lisez *manquât.*

Page 230, ligne 24, *c'est ainsi que doit agir :* lisez *c'est ainsi que doivent agir.*

DES
OPINIONS POLITIQUES
DU
CITOYEN SIEYES,
ET
DE SA VIE COMME HOMME PUBLIC.

À PARIS,

Chez GOUJON fils, Imprimeur-Libraire, grande rue Taranne, nº. 737;

Et chez les Marchands de Nouveautés.

AN VIII.

Ecrits que l'on a consultés pour la rédaction de cet Ouvrage :

Qu'est-ce que le Tiers-État ?

Essai sur les Priviléges.

Vues sur les moyens d'exécution.

Plan de délibérations pour les assemblées de bailliages.

Déclaration des droits.

Notice sur la vie de Sieyes.

Procés-verbaux de diverses Assemblées nationales.

Moniteur, etc. etc.

AVERTISSEMENT.

« Il est des époques et des choses sur lesquelles
» la manière de voir d'un homme fait aussi
» partie de sa vie ».

En présentant le tableau des opérations et des travaux politiques de Sieyes, nous avons été guidés par le desir de consolider la confiance que tous les amis sincères de la République accordent à celui qui, même avant l'époque de la révolution, avait donné des gages nombreux de son dévouement à la cause de la liberté.

Les hommes défians et qui ne se décident qu'avec peine, trouveront aussi dans ce travail, ce qu'ils exigent pour fixer leur opinion et établir leur estime. Nous sommes persuadés qu'ils ne pourront la refuser à l'administrateur philosophe qui, dans tous les tems, s'est montré le courageux défenseur des droits du peuple, et qui n'a pas plus varié dans ses principes que dans sa conduite. Trop heureuse la nation dont tous les magistrats pourraient offrir une pareille garantie de lumières, de probité, et de patriotisme !

Nous prévoyons que la calomnie et la malveillance s'occuperont à rechercher dans cet Ouvrage, quelqu'aliment à la rage qui les dévore ; nous les prévenons que ce sera pour elles un tems perdu ; nous les plaignons bien sincèrement, si elles n'ont pas d'autre ressource pour soutenir et prolonger leur honteuse existence.

Quant aux partisans incorrigibles de la royauté, quant aux fous ou aux imbéciles qui rêvent encore *privilèges*, nous ne prétendons pas à l'honneur de leur conversion, et nous recevrons avec la plus grande indifférence les injures qu'ils pourront nous prodiguer.

Il est, sans doute, inutile de penser à nous disculper du reproche de parler d'un homme vivant. Si cet homme est devenu l'objet de toutes les inquiétudes, de toutes les espérances ; si en déroulant une partie de sa vie publique à tous les regards, nous servons la patrie, ce serait bien à tort qu'on accuserait ou qu'on suspecterait notre zèle et nos efforts. D'ailleurs, quand les ennemis du bonheur public sont dans l'arêne, il faut bien permettre aux amis de la liberté d'y descendre pour les combattre et les vaincre.

Nous ne nous sommes pas dissimulés qu'il y avait une espèce de présomption, à nous, citoyens obscurs, à écrire en faveur d'un philosophe et d'un administrateur célèbre, à oser placer nos faibles idées à côté de ses vastes conceptions ; mais dans un moment où on semble se faire un plaisir de lui prêter les systêmes les plus absurdes; et les projets les plus ridicules, nous avons cru pouvoir être utiles en rappelant des opinions que l'on dénature, en les montrant dans toute leur pureté, et ce motif doit mériter les suffrages de tous les Républicains. Les obtenir, sera notre plus douce récompense.

Cet écrit a été composé rapidement. Les circonstances étaient urgentes. L'intérêt public ne nous permettait pas d'en retarder la publication. N'ayant pu donner à notre travail toute la perfection que nous desirions, nous comptons sur quelqu'indulgence.

Comme, en général, peu de personnes se sentent capables d'un pur désintéressement; plusieurs, peut-être, croiront que nous sommes ou les amis, ou les protégés, ou même les obligés de Sieyes; nous déclarons ici, en notre ame et conscience, que nous ne l'avons jamais approché, que nous ne croyons même pas être connus de lui, et que le triomphe de la vérité et de la raison, sur la calomnie et l'ignorance, est le seul objet de nos travaux, comme de nos vœux les plus ardens.

Nous avons divisé cet ouvrage en deux parties.

Nous exposerons, dans la première, l'analyse politique des Ouvrages de Sieyes avant la révolution.

Nous mesurerons, dans la seconde, toute sa carrière *législative et administrative* depuis 1789 jusqu'à la fin de l'an 7 de la République française.

PREMIÈRE PARTIE.

Des travaux politiques de Sieyes, *avant la Révolution Française.*

Le temps amènera sans doute des historiens exacts qui feront dater l'ère de la Révolution française bien au-delà du 14 juillet 1789. « On aime aujourd'hui à confondre les dates et les faits ; on semble se persuader que la Révolution n'est dûe qu'à une sorte d'explosion populaire, à une insurrection : cela n'est pas exact ».

En effet, qui a révélé au peuple le secret, si long-tems oublié, de ses droits? Qui lui a tracé la voie pour les reconquérir? qui l'a guidé, *illuminé*, insurgé, sinon les Écrivains patriotes? Et parmi eux, lequel se distingue autant que l'auteur de l'Essai *sur les Privilèges*, et de *Qu'est-ce que le Tiers-Etat?*

C'est à lui à qui nous devons nos plus belles institutions sociales. Elles sont toutes les résultats ou les développemens de ses principes.

A

Ses définitions, ses dénominations même ont presque toutes été consacrées par l'assentiment national; et la Révolution française a été ce qu'il avait écrit qu'elle serait; « l'effet naturel prévu, et bien gouverné, d'une vue simple et juste, d'un concours heureux, favorisé par les circonstances, et promu avec franchise par toutes les classes intéressées ».

Il fut long-tems lui-même cette vue *simple et juste* qui dirigea le char de la Révolution. Heureuse eût été la France, si elle n'avait pas changé de guide!

L'histoire de la vie publique de Sieyes doit remonter jusqu'à ce jour, où, à peine sorti de l'adolescence, il conçut le premier principe des droits naturels de l'homme en état de société, et où son cœur patriote palpita, en lisant pour la première fois Locke, Condillac, et Charles Bonnet. C'est peut-être dans cette lecture que prit naissance sa passion pour la recherche de la vérité, et que commença à se développer ce prodigieux entendement qu'il a fait paraître dans sa longue carrière politique. Écoutons-le, lui-même, nous parler de ce premier objet de ses méditations.

« .... Il ne s'était livré aux études théologiques et prétendues philosophiques de l'université de Paris, qu'autant qu'il lui était nécessaire pour passer les examens et les thèses d'usage. Entraîné par ses goûts, ou peut-être obéissant au seul besoin de se distraire, de consumer son tems et son activité, il parcourait indistinctement, et sans règle, toutes les parties de la littérature, étudiait les sciences mathématiques et physiques, et cherchait même à s'initier dans les arts, surtout dans la musique. Cependant un penchant involontaire le portait à la méditation. Il recherchait les ouvrages de métaphysique et de morale. Il a souvent avoué *qu'aucun livre ne lui a procuré une satisfaction plus vive que ceux de Locke, Condillac et Bonnet ; il rencontrait en eux des hommes ayant le même intérêt, le même instinct, et s'occupant d'un besoin commun* ».

Ce trait (si indifférent pour tant d'autres) décide la destinée qui attend Sieyes. L'attrait de ce qui est juste, beau et bon l'entraîne irrésistiblement à de profondes analyses. Il descend dans le cœur de l'homme; il y découvre fortement empreint le sentiment de la liberté ; mais de cette faculté inhérente à nous, jusqu'à l'exercice des droits sociaux, il est un intervalle immense ; Sieyes nous le fait traverser pas à pas. Nous allons voir combien, à son début dans la *Société*, la raison avait déjà fait des progrès chez lui.

« .... Il entra dans le monde à l'âge de vingt-quatre ans. Il avait pu, dans la solitude, se former à l'amour du vrai et du juste, et même à la connaissance de l'homme, si souvent et si mal-à-propos confondue avec celle des hommes, c'est-à-dire, avec la petite expérience des intrigues mouvantes d'un petit nombre d'individus plus ou moins accrédités, et des habitudes étroites de quelques petites coteries (1). Il avoue qu'il n'entendit rien d'abord au partage oblique de la société, à ses mœurs incertaines, à ce dédain poussé jusqu'au mépris, pour ce qui n'est que la vérité, et à la multitude de petits intérêts croisés, de petites affections cachées, qui, animant chaque individu à l'insçu des autres, forment souvent de ce mélange une action, un jeu assez piquant, quoique de mauvaise foi. *Vraiment* (disait-il) *je crois voyager chez un peuple inconnu ; il me faut en*

---

(1) La connaissance des hommes est à celle de l'homme ce qu'est l'intrigue sociale à l'art social. *Note de l'auteur de la Notice.*

étudier les mœurs. Il ne changea point les siennes ».

Ici commence à paraître cette rectitude de caractère, qui distingue autant Sieyes des autres hommes, que ses écrits sont différens de ceux des politiques nos contemporains. Le voilà déjà prononcé à vingt-quatre ans, contre ceux que de petits *intérêts croisés*, de *petites affections cachées*, font agir sur le grand théâtre du monde. Quel jeune homme étonnant ! à l'âge des passions, il pesait la valeur des hommes, et savait n'apprécier que ce qu'ils faisaient par l'amour désintéressé *du vrai et du juste !*

Mais, diront des gens à fibres amollies, qui se disent sensibles, et qui ne sont que langoureux : Sieyes ne connaît donc pas ce tendre intérêt qui fait que nous sommes partiaux en faveur de ceux qui nous sont attachés par les liens du sang, de l'amitié, de l'amour ? Hommes à compérage, connaissez le caractère et les devoirs de l'homme imperturbablement juste.

Les Théosophes de tous les cultes ont fait Dieu équitable ; toutes ses qualités sont renfermées dans sa justice ; il pèse, il juge tout, sans clémence ni rigueur. S'il se laissait émouvoir par les prières et les holocaustes, serait-il juste ? non : les loix d'une immuable équité seraient renversées : or, le Sage qui modèle toujours sa raison sur cet être de supposition universelle, et qui se trouve placé au rang sublime de gouverner les hommes vers ce qui est juste et vrai, peut-il donc transiger avec la vérité et la justice universelle, pour quelques passions, pour quelques liens individuels de la hiérarchie sociale ? Peut-il sacrifier le bien de tous à quelques *petits intérêts*, à quelques *petites affections* ? non sans doute. Il ne serait plus l'homme sage, l'homme juste, *l'amant du beau et du vrai* : ainsi, dans la haute condition politique où la raison l'a placé, Sieyes n'a dû avoir ni parens, ni amis, ni habitués ; ses yeux n'ont pas dû se remplir de ce qu'on appelle les douces larmes de la compassion pour un ou quelques individus, fraction imperceptible de la société. C'est elle toute entière qui est l'objet de sa sensibilité, de ses travaux, de son culte ; en donnant tout à la généralité, il ne doit rien à l'individu.

Voilà quel doit être le caractère du sage. Mais continuons à connaître celui du nôtre.

« Il passa une partie des années 1773 et

1774, soit à cultiver la musique (c'était à cet égard l'époque d'une révolution à Paris) soit à réfuter le systême politique des économistes, qu'il trouvait roide et pauvre, mais supérieur cent fois à la misérable routine, qui s'en effrayait, suivant l'usage, sans y rien entendre. Il fit ou crut faire, dans ces deux années, des recherches importantes sur la marche égarée de l'esprit humain en philosophie, sur la métaphysique du langage et les méthodes intellectuelles. Il n'a rien publié. La qualité dominante de son esprit est la passion du vrai, dont la recherche l'absorbe presqu'involontairement : il n'est point content, s'il tient un sujet, qu'il ne l'ait approfondi, analysé dans toutes ses parties, et ne l'ait ensuite reconstruit dans son ensemble. Mais le besoin de savoir une fois satisfait, il reste avec ses notes et ses tableaux analytiques, qui ne peuvent être que pour lui. La mise au net, le remplissage des vides, et cette sorte de toilette, que les auteurs même les moins soucieux de fumée littéraire, ne pourraient refuser à des écrits destinés à voir le jour, lui sont insupportables; il a déjà passé à d'autres méditations. S'il s'est permis quelques infidélités à cette sorte de paresse, ce n'a été qu'entraîné par le sentiment d'un grand intérêt public, et dans des momens où il avait espoir probable d'être utile ».

Si cet aveu est une preuve du peu de prétention de Sieyes à toute gloire littéraire, il est aussi une critique bien méritée de notre goût dominant. La vérité, pour nous paraître belle, a besoin des vains ornemens de l'éloquence, il faut l'habiller de mille affêteries de Rhéteurs.

Faisons-le maintenant répondre aux reproches que quelques rigoristes en révolution lui font sur son ancien état. C'est sa profession de foi qu'on va lire. Pour un législateur comme lui, ce n'est pas la partie la moins curieuse de ses opinions à connaître.

« La loi du besoin, et la main de fer du gouvernement le rendirent à sa dure destinée. Il partit en 1775 pour la province de Bretagne avec un évêque qui allait se faire installer dans son siége, et qui, pour emmener Sieyes, lui avait procuré un brevet de joyeux avènement sur son église cathédrale. Peu de tems après avoir pris possession de son canonicat, il eut la liberté de revenir à Paris. Il la dut à un de ces titres ou brevets donnés à Versailles, en vertu desquels on pouvait toucher à Paris les revenus de son bénéfice. L'occasion se présenta de changer de chapitre. Il fut successivement vicaire-général, chanoine et chancelier de l'église de Chartres. Au milieu de ces mutations, il n'y a de remarquable que le soin extrême qu'il eut à ne jamais s'immiscer dans le ministère ecclésiastique. Jamais il n'a prêché, jamais il n'a confessé ; il a fui toutes les fonctions, toutes les occasions qui eussent pu le mettre en évidence cléricale.

» On distinguait alors dans le clergé de France deux sortes d'individus, les ecclésiastiques-prêtres, et les ecclésiastiques-administrateurs. Sieyes était tout au plus de la seconde classe. Déjà on l'avait vu aux États de Bretagne, député du diocèse où il avait eu son premier bénéfice ; et, pour le dire en passant, rien n'égale l'indignation qu'il avait rapportée de cette assemblée contre la honteuse oppression où la noblesse y tenait le tiers-état.

» A l'époque où nous sommes, il avait à Paris une place administrative permanente ; il était conseiller-commissaire, nommé par le diocèse de Chartres à la chambre supérieure du clergé de France.

» On a pu remarquer dans ce récit, purement historique, que Sieyes, dès le cours de sa licence en Sorbonne, mais déjà engagé dans ce que l'église romaine appelle *les ordres sacrés*, était parvenu, par la lecture de quelques bons livres, et par ses réflexions, à se délivrer de toute espèce d'idées et de sentimens superstitieux. Il ne savait pas, il n'avait pas même lieu de croire son pays aussi généralement disposé à secouer le même joug; il fut frappé, en voyant le monde, de le trouver, à cet égard, plus avancé qu'il n'avait cru. Le défaut d'équilibre qui se faisait sentir entre l'opinion publique et celle des gens de son état, était arrivé au point qu'une explosion prochaine lui paraissait immanquable. *Quel ordre social* (disait-il souvent), *où l'on voit fixée la permanence du quatorzième siècle, au milieu des progrès du dix-huitième?*

» Il ne pouvait s'empêcher de gémir sur sa jeunesse cruellement sacrifiée, et sur-tout des liens tyranniques qui devaient garotter encore son triste avenir. Le sentiment douloureux dont il était plein, se versait naturellement sur ceux à qui on préparait les mêmes regrets. Et comment ne pas plaindre cette multitude de tendres enfans, qu'une erreur antique, fortement établie, semblait attendre à leur entrée dans le monde, pour les marquer comme la part d'une superstition, qui certes n'était pas leur ouvrage ! A peine ces innocentes créatures commençaient-elles à compter parmi les êtres susceptibles d'une culture particulière, que des soins barbares et applaudis, que des préjugés paternels, les arrachaient impitoyablement au cours de la nature, pour les élever, disait-on : c'était pour les sacrifier hors des regards de toute sagesse, à un régime inhumain, sépulcral, où les plus misérables instituteurs s'étudiaient à les torturer physiquement, moralement, à les façonner, les dresser, au service de je ne sais quelles chimères. Et ce crime se commettait au nom de la Divinité, comme si Dieu avait besoin du service des hommes, comme s'il pouvait désirer qu'on lui montât sa maison, son serrail, ainsi qu'aux Rois de la terre ! O faiblesse de la raison ! ô force des habitudes ! et le gouvernement le souffrait ! Une autorité si absolue qui se disait tutélaire, refusait de fermer à l'aveugle crédulité des pères, à l'ignorance plus excusable des enfans, ce gouffre perfide, insatiable, où sous ses yeux tombait journellement en hécatombes une partie précieuse de la génération nouvelle, de l'intéressante et aimable jeunesse propre à tous les états de la vie : plus heureuse un million de fois si on l'avait laissée recruter naturellement les métiers et les professions les plus pénibles de la société.

» Il a disparu pour jamais du territoire de la République, ce désordre abominable ; et ce changement tant désiré, ce pas d'une haute importance dans la marche de la perfectibilité humaine, sera un bienfait de la révolution française. Mais quel sentiment pénible vient se mêler à la reconnaissance ! ah ! que les mesures de la justice sont quelquefois différentes de celles des hommes ! ô mes concitoyens, comment avez-vous pu croire que votre juste horreur des persécutions anciennes vous donnait un titre à des persécutions nouvelles ? Si des hommes séparés par des siècles pouvaient être solidaires, quel homme sur la terre serait innocent ? Eh ! comment cette réflexion, qu'on peut appeller de nécessité humaine, vous a-t-elle échappé ? est-ce bien vous qui avez tenu ce langage aux plus malheureux esclaves de notre ancienne superstition : ô vous qui avez commencé votre carrière victimes de nos préjugés, il faut la finir victimes de.... vous n'avez pas voulu leur dire : *O vous qui avez le plus souffert de l'erreur commune, entendez sonner l'heure de l'égalité et de votre liberté ; reprenez avec nous vos droits de l'homme. Vive la nature! vive la vérité* (1) ».

Comme on le voit, Sieyes n'appartient à aucun corps, à aucune classe d'hommes, à aucun culte, à aucune secte. Il ne peut même en être autrement. Serait-il possible que le philosophe enseignant cette harmonieuse équité qui dispense nos droits communs en société, pût composer, avec sa raison, en faveur de la sottise ? Non, il ne peut être que l'homme de la *nature et de la vérité !*

En continuant de prendre pour guide Sieyes lui-même, nous allons le voir entrer dans la classe bien peu nombreuse des philosophes régénérateurs de la société. A peine il a paru qu'il est au premier rang. Telle a été pour la première fois dans le monde, l'influence heureuse de la raison sur les hommes.

« L'immense opposition de son état à ses

« (1) Il ne peut être question ici des personnes dites ecclésiastiques, qui se sont montrées ennemies de la révolution, mais de celles seulement à qui on n'a d'autres torts à reprocher que d'avoir jadis embrassé leur état, comme elles auraient pris toute autre profession ».

sentimens, est peut-être ce qui a entraîné le plus fortement l'esprit de Sieyes à examiner ce mélange de classes, de professions et de travaux dont se composait la société politique, et à discerner dans la grande mécanique sociale les rouages utiles, des institutions parasites. C'est ainsi qu'il a été conduit de bonne heure à juger sévèrement les classes privilégiées, et apprécier à sa juste valeur la pleine importance du tiers-état.

» Lorsqu'on forma l'assemblée provinciale d'Orléans, Sieyes avait quelque réputation pour ses connaissances administratives; il en fut nommé membre, non pas au choix du ministre, mais à celui des administrateurs déjà choisis. Il y donna des preuves de quelque capacité en affaires, d'un cœur probe et ami de son pays, de sorte que l'assemblée crut devoir lui faire de fortes instances pour l'engager à prendre la présidence de la commission intermédiaire; il en a suivi les fonctions pendant peu de tems. Ces assemblées ont beaucoup aidé, par l'impulsion qu'elles donnèrent aux esprits, à montrer la nécessité de convoquer les États-Généraux; elles en firent comme un dogme politique, reçu et professé dans toute l'étendue de la France.

» Sieyes était lié à Paris avec quelques uns des membres du parlement, qui, à cette époque, ont servi la patrie. Ce grand corps n'avait ni lumières ni véritable énergie. La question, par exemple, des lettres de cachet, était mûre pour tous les Français, excepté pour *Messieurs*, quoiqu'ils ne cessassent de *remontrer*, pour la forme, contre leur illégalité. Le jour où les chambres furent exilées à Troyes, Sieyes donna le conseil de se rendre sur-le-champ au palais, de faire arrêter et pendre le ministre signataire d'ordres évidemment arbitraires, illégaux et proscrits par le peuple. Le succès de cette mesure était infaillible ; elle eût entraîné les applaudissemens de toute la France : son avis ne prévalût point.

» Ce fut dans les loisirs de la campagne où il s'était fait une habitude de passer les deux tiers de l'année, qu'il composa dans l'été de 1788, sur la fin du ministère du cardinal de Loménie, ses *vues sur les moyens d'exécution dont les représentans de la France pourront disposer en* 1789, avec cette épigraphe propre à faire connaître son intention. *On peut élever ses desirs à la hauteur de ses droits, mais il faut mesurer ses projets sur ses moyens*. Cette brochure était livrée à l'impression et allait paraître, lorsqu'à son retour à Paris il crut devoir en suspendre la publication. La question politique qui intéressait et occupait tous les Français, semblait déjà changer de nature; on la forçait de se prêter aux nuances, aux prétentions des différentes classes. Ce n'était plus la nation entière voulant reprendre ses droits sur la puissance absolue de la royauté; c'était la noblesse toujours prompte à se pelotonner, qui, profitant de la réunion et du mauvais esprit des derniers notables, ne songeait qu'à faire prévaloir ses intérêts contre ceux du peuple, espérant bien d'ailleurs faire sanctionner au ministre ses anciennes et ses nouvelles prétentions, seulement en lui faisant peur. Voilà ce qui engagea Sieyes à écrire son *Essai sur les privilèges*, et incontinent après son ouvrage intitulé : *Qu'est-ce que le Tiers-Etat?* Il est aisé en oomparant ces deux écrits au premier, de voir combien était, non pas opposé, mais différent, l'esprit dans lequel il avait tracé *ses vues sur les moyens d'exécution*. Ces trois brochures parurent coup sur coup, à la fin de 1788 et au commencement de 1789 ».

C'est

C'est ici le lieu d'analyser ces ouvrages impérissables. Nous nous attacherons sur-tout à celui intitulé : *Qu'est-ce que le Tiers-État?* monument d'art social sans modèle, même en remontant jusqu'à la dernière page de la plus obscure antiquité. Il sera aisé de se convaincre qu'il a été le manuel théorique par lequel se sont opérés les grands développemens de notre révolution, et le seul guide de nos représentans fidèles. Chez un peuple aussi juste que l'ont été quelquefois les Grecs, Sieyes eût obtenu les honneurs (qu'assurément son cœur simple ne brigue pas) *de législateur unique :* mais écoutons-le proclamer les premiers principes de l'égalité, et tonner contre les priviléges.

« On n'est pas libre par des priviléges, mais par les droits de citoyens; droits qui appartiennent à tous.

» Que si les *aristocrates* entreprennent, au prix même de cette liberté, dont ils se montreraient indignes, de retenir le peuple dans l'oppression, il osera demander à quel titre. Si l'on répond, à titre de conquête : il faut en convenir, ce sera vouloir remonter un peu haut; mais le tiers ne doit pas craindre de remonter dans les tems passés. Il se reportera à l'année qui a précédé la conquête; et puisqu'il est aujourd'hui assez fort pour ne pas se laisser conquérir, sa résistance sans doute sera plus efficace. Pourquoi ne renverrait-il pas dans les forêts de la Franconie (1) toutes ces familles qui conservent la folle prétention d'être issues de la race des conquérans, et d'avoir succédé à *des droits de conquêtes?*

» La nation alors épurée, pourra se consoler, je pense, d'être réduite à ne se plus croire composée que des descendans des Gaulois, des Romains. En vérité, si l'on tient à vouloir distinguer naissance et naissance, ne pourrait-on pas révéler à nos pauvres concitoyens que celle qu'on tire des Gaulois et des Romains vaut au moins autant que celle

---

(1) Ils y sont retournés dans les forêts de la Franconie, ces hommes orgueilleux de leur origine *franque*. Sieyes jugeait-il déjà la marche active que la révolution devait prendre, et prévoyait-il que la résistance opiniâtre des nobles aux lois de l'égalité, occasionerait le système de l'émigration, et ensuite la mesure de la déportation? ou bien ces deux grands effets de la révolution n'ont-ils qu'une concordance fortuite avec ce qu'écrivait Sieyes en 1788? O mystère! O profondeur! (*Note de l'éditeur*).

qui viendrait des Sicambres, des Welches, et autres Sauvages sortis des bois et des marais de l'ancienne Germanie?

» Ah! si les hommes voulaient connaître leurs intérêts; s'ils savaient faire quelque chose pour leur bonheur! s'ils consentaient à ouvrir enfin les yeux sur la cruelle imprudence qui leur a fait dédaigner si longtems les droits de citoyens libres, pour les vains priviléges de la servitude; comme ils se hâteraient d'abjurer les nombreuses vanités auxquelles ils ont été dressés dès l'enfance! comme ils se méfieraient d'un ordre de choses qui s'allie si bien avec le despotisme! Les droits de citoyens embrassent tout; les priviléges gâtent tout et ne dédommagent de rien que chez des esclaves.

» Qu'on lise l'histoire avec le projet d'examiner si les faits sont conformes ou contraires à cette assertion (l'ancien esprit de *compérage* qui existait entre les nobles), et l'on s'assurera, j'en ai fait l'expérience, que c'est une grande erreur de croire que la France soit soumise à un régime monarchique. Otez de nos annales quelques années de Louis XI, de Richelieu, et quelques momens de Louis XIV, où l'on ne voit que despotisme tout pur, vous croirez lire l'histoire d'une aristocratie *aulique*. C'est la cour qui a régné et non le monarque; c'est la cour qui a fait et défait les ministres, qui crée et distribue les places, etc. Et qu'est-ce que la cour, sinon la tête de cette immense aristocratie qui couvre toutes les parties de la France, qui par ses membres atteint à tout, et exerce par-tout ce qu'il y a d'essentiel dans toutes les parties de la chose publique?........... Ne suffit-il pas enfin d'ouvrir les yeux sur ce qui se passe en ce moment au tour de nous? Que voit-on? l'aristocratie seule combattant tout-à-la-fois la raison, la justice, le peuple..... L'issue de cette terrible lutte est encore incertaine; qu'on dise si l'aristocratie est une chimère!

» L'ame des privilégiés est identifiée avec la servitude.

» Ils ont (les nobles) osé prononcer le mot de scission....... Qu'il serait heureux pour la nation qu'elle fût faite à jamais, cette scission si desirable! Combien il serait aisé de se passer des privilégiés! Combien il sera difficile de les amener à être citoyens!

» On veut que les générations nouvelles ferment les yeux aux lumières contemporaines et s'accoutument tranquillement à un ordre d'oppression que les générations qui passent ne pouvaient plus endurer. Laissons un sujet si méprisable et qui ne réveille que des sentimens d'indignation ».

C'était ainsi que Sieyes préparait la révolution, et assurait son succès en attaquant sans relâche ni ménagement l'*hydre* appelée noblesse. La rectitude de son esprit, et les principes d'une inflexible justice, lui faisaient regarder cette classe d'hommes comme irréconciliablement ennemie des lois de l'égalité. Dès-lors il ne pût plus y avoir de paix, ni même d'armistice entre lui et la caste privilégiée.

Voyons maintenant Sieyes tracer les droits et les devoirs du citoyen, et poser les justes bornes de l'égalité. L'antique monarchie avait encore plusieurs années à exister, et il conduisait déjà la révolution française par la main. Il jalonnait dans l'espace la longue carrière qu'elle devait fournir. Les devoirs de l'assemblée nationale, il les avait tracés, et les états-généraux n'étaient point encore convoqués. Telle est la perfectibilité de l'entendement du sage; il mesure l'avenir avec la même certitude que le vulgaire voit le passé. Pour lui, le succès de tout ce qu'il entreprend est certain, parce que tout est prévu, tout est combiné, et les évènemens obéissent à son impulsion, comme la foudre suit la direction que lui a tracé le physicien.

Rappelons la série des principes de Sieyes qui nous ont valu nos droits politiques.

« Dans toute nation libre, et toute nation doit être libre, il n'y a qu'une manière de terminer les différends qui s'élèvent touchant la constitution...... ; c'est d'avoir recours à elle-même......

» Une question de cette nature ne peut paraître indifférente qu'à ceux qui comptant pour peu, en matière sociale, les moyens justes et naturels, n'estiment que ces ressources factices, plus ou moins iniques, plus ou moins compliquées qui font par-tout la réputation de ce qu'on appelle les hommes d'état, les grands politiques. Pour nous, nous ne sortirons point de la morale; elle doit régler tous les rapports qui lient les hommes entre eux, à leur intérêt particulier et à leur intérêt commun ou social; c'est à elle à nous dire ce qu'on aurait dû faire; et après tout, il n'y a qu'elle qui puisse le dire. Il en faut toujours revenir aux principes simples, comme plus puissans que tous les efforts du génie.

» Jamais on ne comprendra le mécanisme social, si l'on ne prend le parti d'analyser une société comme une machine ordinaire; d'en considérer séparément chaque partie, et de les rejoindre ensuite en esprit, toutes l'une après l'autre, afin d'en saisir les accords, et d'entendre l'harmonie générale qui en doit résulter. Nous n'avons pas besoin ici d'entrer dans un travail aussi étendu, mais puisqu'il faut toujours être clair, et qu'on ne l'est point en discourant sans principes, nous prierons au moins le lecteur de considérer dans la formation d'une société politique trois époques, dont la distinction préparera à des éclaircissemens nécessaires.

» Dans la première, on conçoit un nombre plus ou moins considérable d'individus isolés qui veulent se réunir. Par ce seul fait, ils forment déjà une nation : ils en ont tous les droits; il ne s'agit plus que de les exercer. Cette première époque est caractérisée par le jeu des volontés *individuelles*, l'association est leur ouvrage; elles sont l'origine de tout pouvoir.

» La seconde époque est caractérisée par l'action de la volonté *commune*. Les associés veulent donner de la consistance à leur union :

ils veulent en remplir le but. Ils confèrent donc ; et ils conviennent entr'eux des besoins publics et des moyens d'y pourvoir. On voit qu'ici le pouvoir appartient au public. Les volontés individuelles en sont toujours bien l'origine, et en forment les élémens essentiels ; mais considérées séparément, leur pouvoir serait nul. Il ne réside que dans l'ensembles. Il faut à la communauté une volonté commune ; sans l'*unité* de volonté, elle ne parviendrait point à faire un tout voulant et agissant. Certainement aussi ce tout n'a aucun droit qui n'appartienne à la volonté commune.

» Mais franchissons les intervalles des tems. Les associés sont trop nombreux et répandus sur une surface trop étendue, pour exercer facilement eux-mêmes leur volonté commune. Que font-ils ? ils en détachent tout ce qui est nécessaire pour veiller et pourvoir aux soins publics ; et cette portion de volonté nationale, et par conséquent de pouvoir, ils en confient l'exercice à quelques-uns d'entre eux. Nous voici à la troisième époque, c'est-à-dire, à celle d'un *gouvernement exercé par procuration*. Remarquons sur cela plusieurs vérités ; 1°. la communauté ne se dépouille point du droit de vouloir : c'est sa propriété inaliénable ; elle ne peut qu'en commettre l'exercice : ce principe est développé ailleurs. 2°. Le corps des délégués ne peut pas même avoir la plénitude de cet exercice. La communauté n'a pu lui confier de son pouvoir total que cette portion qui est nécessaire pour maintenir le bon ordre. On ne donne point du superflu en ce genre. 3°. Il n'appartient donc pas au corps des délégués de déranger les limites du pouvoir qui lui a été confié. On conçoit que cette faculté serait contradictoire à elle-même.

» Je distingue la troisième époque de la seconde, en ce que ce n'est plus la volonté commune *réelle* qui agit, c'est une volonté commune représentative. Deux caractères ineffaçables lui appartiennent ; il faut le répéter. 1°. Cette volonté n'est pas pleine et illimitée dans le corps des représentans ; ce n'est qu'une portion de la grande volonté commune nationale. 2°. Les délégués ne l'exercent point comme un droit propre, c'est le droit d'autrui ; la volonté commune n'est là qu'en commission.

» Actuellement je laisse une foule de réflexions, auxquelles cet exposé nous conduirait naturellement, et je marche à mon but. Il s'agit de savoir ce qu'on veut comprendre par la constitution politique d'une société, et de remarquer ses justes rapports avec la nation elle-même.

» Il est impossible de créer un corps pour une fin sans lui donner une organisation des formes et des lois propres à lui faire remplir les fonctions auxquelles on a voulu le destiner. C'est ce qu'on appelle la constitution de ce corps. Il est évident qu'il ne peut pas exister sans elle. Il l'est donc aussi que tout gouvernement commis doit avoir sa constitution, et ce qui est vrai du gouvernement en général, l'est aussi de toutes les parties qui le composent. Ainsi le corps des représentans, à qui est confié le pouvoir législatif ou l'exercice de la volonté commune, n'existe qu'avec la manière d'être que la nation a voulu lui donner. Il n'est rien sans ses formes constitutives, il n'agit, il ne se dirige, il ne commande que par elles ».

Il est aisé de remarquer que Sieyes prévoyait déjà qu'il pouvait y avoir une autre tyrannie que celle d'un seul. L'histoire moderne de la liberté a prouvé qu'une grande nation pouvait être maîtrisée, avilie, par un corps de mandataires. Mais continuons.

« A cette nécessité d'organiser le corps du gouvernement, si l'on veut qu'il existe ou qu'il agisse, il faut ajouter l'intérêt qu'a la nation à ce que le pouvoir public délégué ne puisse jamais devenir nuisible à ses commettans (1). De-là une multitude de précautions politiques qu'on a mêlées à la constitution, et qui sont autant de règles essentielles au gouvernement, sans lesquelles l'exercice du pouvoir deviendrait illégal (2).

» On sent donc la double nécessité de soumettre le gouvernement à des formes certaines, soit intérieures, soit extérieures, qui garantissent son aptitude à la fin pour la-

---

(1) Combien l'application de ce principe détruirait de réputations populaires ! *(Note de l'Editeur)*.

(2) « Lorsque la constitution est simple et bien faite, les précautions sont en petit nombre ; dans les pays où elle est compliquée, et pour dire vrai, mal entendue, les précautions se multiplient à l'infini, elles sont un objet d'étude. La constitution devient une science, et ce qui en fait l'essentiel, j'entends l'organisation intérieure, se perd ou est étouffé par l'échafaudage scientifique des purs accessoires ». *(Note de Sieyes)*.

quelle il est établi, et son impuissance à s'en écarter.

» Mais qu'on nous dise d'après quelles vues, d'après quel intérêt on aurait pu donner une constitution à la *nation* elle-même. La nation existe avant tout, elle est l'origine de tout. Sa volonté est toujours légale, elle est la loi elle-même. Avant elle et au-dessus d'elle il n'y a que le droit *naturel*. Si nous voulons nous former une idée juste de la suite des lois *positives* qui ne peuvent émaner que de sa volonté, nous voyons en première ligne les lois *constitutionnelles*, qui se divisent en deux parties : les unes règlent l'organisation et les fonctions du corps *législatif ;* les autres déterminent l'organisation et les fonctions des différens corps actifs. Ces lois sont dites fondamentales, non pas en ce sens qu'elles puissent devenir indépendantes de la volonté nationale, mais parce que les corps qui existent et agissent par elles ne peuvent point y toucher. Dans chaque partie la constitution n'est pas l'ouvrage du pouvoir constitué, mais du pouvoir constituant. Aucune sorte de pouvoir délégué ne peut rien changer aux conditions de sa délégation. C'est ainsi, et non autrement, que les lois constitutionnelles sont fondamentales. Les premières, celles qui établissent la législature, sont fondées par la volonté nationale avant toute constitution, elles en forment le premier degré. Les secondes doivent être établies de même par une volonté représentative *spéciale*. Ainsi toutes les parties du gouvernement se répondent et dépendent en dernière analyse de la nation. Nous n'offrons ici qu'une idée fugitive, mais elle est exacte.

» On conçoit facilement ensuite comment les lois proprement dites, celles qui protègent les citoyens et décident de l'intérêt commun, sont l'ouvrage du corps législatif formé et se mouvant d'après ses conditions constitutives. Quoique nous ne présentions ces dernières lois qu'en seconde ligne, elles sont néanmoins les plus importantes, elles sont la *fin* dont la constitution n'est que le *moyen*. On peut les diviser en deux parties : les lois immédiates ou protectrices, et les lois médiates ou directrices. Ce n'est pas ici le lieu de donner plus de développemens à cette analyse (1). . . . .

(1) Disons seulement que le vrai moyen de ne point s'entendre est de confondre toutes les parties de l'ordre social sous le nom de constitution. (*Note de Sieyes*).

» Nous avons vu naître la constitution dans la seconde époque. Il est clair qu'elle n'est relative qu'au *gouvernement ;* il serait ridicule de regarder la nation liée elle-même par les formalités ou par la constitution, auxquelles elle a assujéti ses mandataires. S'il lui avait fallu attendre, pour devenir une nation, une manière d'être positive, elle n'aurait jamais été. La nation se forme par le seul droit *naturel.* Le gouvernement au contraire ne peut appartenir qu'au droit positif. La nation est tout ce qu'elle peut être, par cela seul qu'elle est. Il ne dépend point de sa volonté de s'attribuer plus ou moins de droits qu'elle n'en a. A sa première époque, elle a tous ceux d'une nation. A la seconde époque elle les exerce : à la troisième, elle en fait exercer par ses représentans tout ce qui est nécessaire pour la conservation et le bon ordre de la communauté. Si l'on sort de cette suite d'idées simples, on ne peut que tomber d'absurdités en absurdités.

» Le gouvernement n'exerce un pouvoir réel, qu'autant qu'il est constitutionnel ; il n'est légal qu'autant qu'il est fidèle aux lois qui lui ont été imposées. La volonté nationale, au contraire, n'a besoin que de sa réalité pour être toujours légale, elle est l'origine de toute légalité.

» Non-seulement la nation n'est pas soumise à une constitution, mais elle ne *peut* pas l'être, mais elle ne *doit* pas l'être, ce qui équivaut encore à dire qu'elle ne l'est pas.

» Elle ne peut pas l'être. De qui en effet aurait-elle pu recevoir une forme positive? est-il une autorité antérieure qui ait pu dire à une multitude d'individus : *je vous réunis sous telles lois; vous formerez une Nation aux conditions que je vous prescris.* Nous ne parlons pas ici brigandage ni domination, mais association légitime, c'est à-dire, volontaire et libre.

» Dira-t-on qu'une Nation peut, par un premier acte de sa volonté, à la vérité indépendant de toute forme, s'engager à ne plus vouloir à l'avenir que d'une manière déterminée? D'abord une Nation ne peut ni aliéner, ni s'interdire le droit de vouloir; et quelle que soit sa volonté, elle ne peut pas perdre le droit de la changer, dès que son intérêt l'exige. En second lieu, envers qui cette Nation se serait-elle engagée? Je conçois comment elle peut obliger ses membres, ses mandataires, et tout ce qui lui appartient; mais peut-elle, en aucun sens, s'imposer des devoirs envers elle-même? Qu'est-ce qu'un contrat avec soi-même? les deux termes étant la même volonté, on voit qu'elle peut toujours se dégager du prétendu engagement.

» Quand elle le pourrait, une Nation ne *doit* pas se mettre dans les entraves d'une forme positive. Ce serait s'exposer à perdre sa liberté sans retour, car il ne faudrait qu'un moment de succès à la tyrannie, pour dévouer les peuples, sous prétexte de constitution, à une forme telle, qu'il ne leur serait plus possible d'exprimer librement sa volonté, et par conséquent, de secouer les chaînes du despotisme. On doit concevoir les nations sur la terre, comme des individus hors du lien social, ou, comme l'on dit, dans l'état de nature. L'exercice de leur volonté est libre et indépendant de toutes formes civiles, n'existant que dans l'ordre naturel; leur volonté, pour sortir tout son effet, n'a besoin que de porter les caractères naturels d'une volonté. De quelque manière qu'une Nation veuille, il suffit qu'elle veuille; toutes les formes sont bonnes, et sa volonté est toujours la loi suprême. Puisque pour imaginer légitime, nous avons supposé aux volontés individuelles purement

rement naturelles, la puissance morale de former l'association, comment refuserions-nous de reconnaître une force semblable dans une volonté *commune*, également naturelle ? une Nation ne sort jamais de l'état de nature, et au milieu de tant de périls, elle n'a jamais trop de toutes les manières possibles d'exprimer sa volonté. Ne craignons point de le répéter : une Nation est indépendante en toute forme; et de quelque manière qu'elle veuille, il suffit que sa volonté paraisse, pour que tout droit positif cesse devant elle, comme devant la source et le maître suprême de tout droit positif.

» Mais il est une preuve encore plus pressante de la vérité de nos principes, qui pourraient cependant se passer de nouvelles preuves.

» Une nation ne doit ni ne peut s'astreindre à des formes constitutionnelles; car, au premier différend qui s'éleverait entre les parties de cette constitution, que deviendrait la Nation ainsi disposée ou ordonnée de façon à ne pouvoir agir que suivant la constitution disputée ? Faisons attention combien il est essentiel dans l'ordre civil, que les citoyens trouvent dans une branche du pouvoir actif une autorité prompte à terminer leurs procès. De même les diverses parties du pouvoir actif, doivent avoir chez un peuple libre la liberté d'invoquer la décision de la législature, dans toutes les difficultés imprévues. Mais si votre législature elle-même, si les différentes parties de cette première constitution ne s'accordent pas entr'elles, qui sera le juge suprême? car il en faut toujours un, ou bien l'anarchie succède à l'ordre.

» Comment imagine-t-on qu'un corps constitué pourrait décider de sa constitution ? Une ou plusieurs parties intégrantes d'un corps moral, ne sont rien séparément. Le pouvoir n'appartient qu'à l'ensemble. Dès qu'une partie réclame, l'ensemble n'est plus ; or, s'il n'existe pas, comment pourrait-il juger ? Ainsi donc, on doit sentir qu'il n'y aurait plus de constitution dans un pays, au moindre embarras qui surviendrait entre ses parties, si la Nation n'existait indépendante de toute règle et de toute forme constitutionnelle ».

Sieyes n'avait pas analysé si profondément le mécanisme social, afin de jeter les Nations dans le désordre de l'anarchie, comme ne manqueront pas de le remarquer quelques petits docteurs politiques, ce serait certes bien mal connaître la passion de notre Sage pour ce qui est harmonieux et bien ordonné : il faisait ce raisonnement à la Nation, au moment où elle allait députer aux États-généraux. Il fallait bien lui apprendre qu'elle ne devait pas se borner à réformer des abus ; mais qu'elle *pouvait*, qu'elle *devait* renverser cette constitution monarchique et féodale, qui servait à la comprimer depuis quatorze siècles. Revenons.

« Les représentans *ordinaires* d'un peuple, sont chargés d'exercer dans les formes constitutionnelles toute cette portion de la volonté commune, qui est nécessaire pour le maintien d'une bonne administration sociale. Leur pouvoir est borné aux affaires du Gouvernement.

» Des représentans *extraordinaires* auront tel nouveau pouvoir qu'il plaira à la Nation de leur donner. Puisqu'une grande Nation ne peut s'assembler elle-même en réalité, toutes les fois que les circonstances hors de l'ordre commun pourraient l'exiger, il faut qu'elle confie à des représentans extraordinaires les pouvoirs nécessaires dans ces occasions. Si elle pouvait se réunir devant eux, et exprimer sa volonté, oseriez-vous la lui disputer, parce qu'elle ne l'exerce pas dans une forme plutôt que dans une autre ? Ici la réalité est tout, la forme n'est rien.

» Un corps de représentans *extraordinaires* supplée à l'assemblée de cette Nation. Il n'a pas besoin, sans doute, d'être chargé de la plénitude de la volonté nationale ; il ne lui faut qu'un pouvoir spécial, et dans des cas rares ; mais il remplace la Nation dans son *indépendance*, de toutes formes constitutionnelles. Il n'est pas nécessaire ici de prendre tant de précautions pour empêcher l'abus de pouvoir ; ces représentans ne sont députés que pour une seule affaire, et pour un tems seulement.

..... » Je ne veux pas dire qu'une Nation ne puisse donner à ses représentans ordinaires la nouvelle commission dont il s'agit ici. Les mêmes personnes peuvent sans doute concourir à former différens corps, et exercer successivement, en vertu de procurations spéciales, des pouvoirs qui, dans leur nature, ne doivent point se confondre. Mais toujours est-il vrai qu'une représentation extraordinaire, ne ressemble point à la législature ordinaire. Ce sont des pouvoirs distincts. Celle-ci ne peut se mouvoir que dans les formes et aux conditions qui lui sont imposées. L'autre n'est soumise à aucune forme en particulier : elle s'assemble et délibère comme ferait une Nation elle-même, si n'étant composée que d'un petit nombre d'individus, elle voulait donner une constitution à son Gouvernement ».

L'assemblée législative de 1792 a fait une application de ces principes, en se regardant comme un corps inhabile à résoudre la grande question que la Nation agitait après la journée du 10 août, et en convoquant la convention nationale. Ce dernier corps fut cette *représentation extraordinaire*, qui égale la Nation en indépendance de toute forme.

» Tout se tient dans l'ordre social. Si vous en négligez une partie, ce ne sera pas impunément pour les autres. Si vous commencez par le désordre, vous vous en appercevrez nécessairement à ses suites. Cet enchaînement est nécessaire; eh! si l'on pouvoit retirer de l'injustice et de l'absurdité, les mêmes fruits que de la raison et de l'équité, où seraient les avantages de celle-ci?

» Attachons-nous d'abord à comprendre clairement quel est l'objet ou le but de l'assemblée représentative d'une nation; cet objet ne peut être différent de celui que se proposerait la nation elle-même si elle pouvait se réunir et conférer dans le même lieu.

» Demandons-nous...... quel est l'objet de la loi. C'est, sans doute, d'empêcher qu'il ne soit porté atteinte à la liberté ou à la propriété de quelqu'un. On ne fait pas des lois pour le plaisir d'en faire. Celles qui n'auraient pour effet que de gêner mal-à propos la liberté des citoyens, seraient contraires à la fin de toute association; il faudrait se hâter de les abolir.

» Il est une *loi-mère* d'où toutes les autres doivent découler : ne fais point de tort à autrui. C'est cette grande loi naturelle que le législateur distribue, en quelque sorte, en détail par les diverses applications qu'il en fait pour le bon ordre de la société; de-là sortent toutes les lois positives. Celles qui peuvent empêcher qu'on ne fasse du tort à autrui, sont bonnes; celles qui ne serviraient à ce but ni médiatement, ni immédiatement, quand même elles ne manifesteraient point une intention malfaisante, sont pourtant mauvaises; car, d'abord, elles gênent la liberté; et puis, ou elles tiennent la place des véritablement bonnes lois, ou au moins elles les repoussent de toutes leurs forces.

» Hors de la loi tout est libre : hors de ce qui est garanti à quelqu'un par la loi, chaque chose appartient à tous (1).

» Qu'est-ce que la volonté d'une nation? C'est le résultat des volontés individuelles, comme la nation est l'assemblage des individus. Il est impossible de concevoir une association légitime qui n'ait pas pour objet la sécurité commune, enfin la chose publique. Sans doute, chaque particulier se propose, en outre, des fins particulières; il se dit : à l'abri de la sécurité commune, je me livrerai tranquillement à mes projets personnels, je suivrai ma félicité comme je l'entendrai, assuré de ne trouver des bornes légales à mes desirs, que celles que la société me prescrira pour l'intérêt commun auquel j'ai part, et avec lequel mon intérêt particulier a fait une alliance si utile.

---

(1) Nous n'avons pas eu l'intention en entreprenant cet ouvrage, de faire remarquer tous les principes de Sieyes, que nos lois et nos diverses constitutions ont consacrés. Nous aurions été entraînés trop au-delà des limites que nous nous sommes imposées. C'est au lecteur exercé à la lecture des nombreux monumens de notre liberté qu'on laisse le soin d'énumérer (s'il lui est possible) tout ce que Sieyes a fait pour elle.

» Mais, où conçoit-on qu'il puisse y avoir dans l'assemblée générale un membre assez insensé pour oser tenir ce langage. *Nous voilà réunis, non pour délibérer sur nos affaires communes, mais pour nous occuper des miennes en particulier, et de celles d'une petite coterie que j'ai formée avec quelques-uns d'entre vous.*

» Dire que des associés s'assemblent pour régler les choses qui les regardent en *commun*, c'est expliquer le seul motif qui a pu engager les membres à entrer dans l'association, c'est dire une de ces vérités premières, si simples qu'on les affaiblit en voulant les prouver. Voilà donc l'objet de l'assemblée, les affaires communes.

» Actuellement il est intéressant de s'expliquer comment tous les membres d'une assemblée nationale vont concourir par leurs volontés individuelles à former cette volonté commune, qui ne doit aller qu'à l'intérêt public.

» Présentons d'abord ce jeu ou mécanisme politique dans la supposition la plus avantageuse : ce serait celle où l'esprit public, dans sa plus grande force, se permettrait de ne manifester à l'assemblée, que l'activité de l'intérêt commun. Ces prodiges ont été clair-semés sur la terre, et aucun n'a duré long-tems. Ce serait bien mal connaître les hommes, que de lier la destinée des sociétés à des efforts de vertu. Il faut que dans la décadence même des mœurs publiques, lorsque l'égoïsme parait gouverner toutes les ames, il faut dis-je, que même dans ces longs intervalles, l'assemblée d'une nation soit tellement constituée, que les intérêts particuliers y restent isolés, et que le vœu de la pluralité y soit toujours conforme au bien général. Cet effet est assuré, si la constitution est supportable.

» Remarquons dans le cœur de l'homme trois espèces d'intérêt : 1°. celui par lequel les citoyens se ressemblent, il présente la juste étendue de l'intérêt commun; 2°. celui par lequel un individu s'allie à quelques autres seulement, c'est l'intérêt de corps; et, enfin, 3°. celui par lequel chacun s'isole, ne songeant qu'à soi, c'est l'intérêt personnel.

» L'intérêt par lequel un homme s'accorde avec tous ses co-associés, est évidemment l'objet de la volonté de tous, et celui de l'assemblée commune.

» Chaque votant peut porter à l'assemblée ses

deux autres intérêts ; soit. Mais d'abord, l'intérêt personnel n'est pas à craindre ; il est isolé. Chacun a le sien. Sa diversité est son véritable remède.

» La grande difficulté vient donc de l'intérêt par lequel un citoyen s'accorde avec quelques autres seulement. Celui-ci permet de se concerter, de se liguer ; par lui se combinent les projets dangereux pour la communauté ; par lui se forment les ennemis publics les plus redoutables. L'histoire est pleine de cette triste vérité.

» Qu'on ne soit donc pas étonné si l'ordre social exige avec tant de rigueur de ne point laisser les simples citoyens se disposer en *corporations*, s'il exige même que les mandataires du pouvoir public, qui seuls, par la nécessité, doivent former de véritables corps, renoncent tant que dure leur emploi, à être élus par la représentation législative.

» Ainsi, et non autrement, l'intérêt commun est assuré de dominer les intérêts particuliers...................................

» En méditant ces principes, on sent avec force, la nécessité de constituer l'assemblée représentative sur un plan qui ne lui permette pas de se former un esprit de corps, et de dégénérer en aristocratie. De-là ces maximes fondamentales suffisamment développées ailleurs, que le corps des représentans doit être régénéré par tiers tous les ans ; que les députés qui finissent leurs tems, ne doivent être de nouveau éligibles qu'après un intervalle suffisant pour laisser au plus grand nombre possible de citoyens la facilité de prendre part à la chose publique, qui ne serait plus, si elle pouvait être regardée comme la chose propre à un certain nombre de familles, etc., etc.

» .... Il ne peut y avoir, dans aucun genre, une liberté ou un droit sans limites. Dans tous les pays, la loi a fixé des caractères certains, sans lesquels on ne peut être ni électeur, ni éligible. Ainsi, par exemple, la loi doit déterminer un âge au-dessous duquel on sera inhabile à représenter ses concitoyens. Ainsi les femmes sont par-tout, bien ou mal, éloignées de ces sortes de procurations. Il est constant qu'un vagabond, un mendiant, ne peuvent être chargés de la confiance politique des peuples. Un domestique, et tout ce qui est dans la dépendance d'un maître, un étranger non naturalisé, seraient-ils admis parmi les représentans de la nation?

La liberté politique a donc ses limites comme la liberté civile.

»... Les députés d'un district ne sont pas seulement les représentans de ceux qui les ont nommés, ils sont encore appelés à représenter la généralité des citoyens....Il faut donc une règle commune et des conditions, dussent-elles déplaire à certains commettans, qui puissent rassurer la totalité de la nation contre le caprice de quelques électeurs.

»....Les droits politiques comme les droits civils, doivent tenir à la qualité de citoyen. Cette propriété légale est la même pour tous, sans égard au plus ou moins de propriété réelle dont chaque individu peut composer sa fortune ou sa jouissance.

» La seule hiérarchie nécessaire, nous l'avons dit, s'établit entre les agens de la souveraineté; c'est-là qu'on a besoin d'une gradation de pouvoirs, c'est-là que se trouvent les vrais rapports d'inférieur à supérieur, parce que la machine publique ne peut se mouvoir qu'au moyen de cette correspondance.

» Hors de là il n'y a que des citoyens égaux devant la loi, tous dépendans, non les uns des autres, ce serait une servitude inutile; mais de l'autorité qui les protége, qui les juge, qui les défend, etc. Celui qui jouit des plus grandes possessions n'est pas *plus* que celui qui jouit de son salaire journalier. Si le riche paye plus de contributions, il offre plus de propriétés à protéger. Mais le denier du pauvre serait-il moins précieux? son droit moins respectable? et sa personne ne doit-elle pas reposer sous une protection au moins égale?

» .... Tous les rapports de citoyen à citoyen sont des rapports libres. L'un donne son tems et sa marchandise, l'autre rend en échange son argent; il n'y a point là de subordination, mais échange continuel.

» Les avantages par lesquels les citoyens diffèrent, sont *au-delà* du caractère de citoyen. Les inégalités de propriété et d'industrie sont comme les inégalités d'âge, de sexe, de taille, de couleur, etc. Elles ne dénaturent nullement l'égalité de civisme; les droits du civisme ne peuvent point s'attacher à des différences. Sans doute ces avantages particuliers sont sous la sauve-garde de la loi; mais ce n'est pas au législateur à en créer de cette nature, à donner des priviléges aux uns, à les refuser aux autres. La loi n'accorde rien; elle protége ce qui est, jusqu'au moment où ce qui est commence à nuire à l'intérêt commun. Là seulement sont placés les limites de la liberté individuelle. *Je me figure la loi au centre d'un globe immense; tous les citoyens sans exception sont à la même distance sur la circonférence, et n'y occupent que des places égales; tous dépendent également de la loi, tous lui offrent leur liberté et leur propriété à protéger; et c'est ce que j'appelle les droits communs de citoyens par où ils se ressemblent tous.* Tous ces individus correspondent entre eux, ils négocient, ils s'engagent les uns envers les autres, toujours sous la garantie commune de la loi. Si dans ce mouvement général quelqu'un veut dominer la personne de son voisin, ou usurper sa propriété, la loi commune réprime cet attentat; mais elle n'empêche point que chacun, suivant ses facultés naturelles et acquises, suivant des hasards plus ou moins favorables, n'enfle sa propriété de tout ce que le sort prospère ou un travail plus fécond pourra y ajouter, et ne puisse, sans déborder sa place légale, s'élever ou se composer en son particulier le bonheur plus conforme à ses goûts et le plus digne d'envie. La loi, en protégeant les droits communs de tout citoyen, protège chaque citoyen dans tout ce qu'il peut être, jusqu'à l'instant où ses tentatives blesseraient les droits d'autrui (1) ».

Telles étaient les justes bornes que Sieyes avait su mettre dès 1788 à la liberté *politique* des citoyens, à leur égalité *commune* et au gouvernement *représentatif*. Il avait tellement combiné son sujet, et si exactement considéré les divers rapports de l'*état social*, que dix années d'expériences n'ont pû faire appercevoir une seule erreur politique dans ses *principes* et ses opinions. S'il fut allé au-delà, c'eût été chimère; en-deçà, ç'eût été réticence. L'homme sévère, mais admirateur de tout ce qui est *perfectibilité humaine*, est encore obligé d'applaudir à cette *force*

« (1) Je ne me charge point de répondre aux pauvretés verbeuses, si plaisantes quelquefois par le non sens, mais si méprisables par l'intention, que de petites femmes et de petits hommes débitent ridiculement sur l'épouvantable mot d'*égalité*. Ces malveillantes puérilités n'auront qu'un tems, et ce tems passé, un écrivain serait bien honteux d'avoir employé sa plume à réfuter de pitoyables radotages, qui étonneraient alors ceux mêmes qui s'en honorent aujourd'hui, et leur feraient dire avec dédain: mais cet auteur nous prend donc pour des imbéciles? *(Note de Sieyes)* ».

d'entendement qui pèse et combine tout sans sortir des limites de l'*harmonie*.

Mais ce n'est pas assez d'avoir rassemblé en un seul corps quelques-uns des *élémens* avec lesquels notre constitution a été formée, il faut encore faire connaître l'opinion de Sieyes sur les monarchies même les plus *limitées*. On lui prête aujourd'hui des sentimens si étranges, que quand même cette opinion n'offrirait pas une foule d'idées et de réflexions lumineuses, il serait encore très-à-propos de la rapporter. C'est de la constitution britannique qu'il va parler. Ils seront bien *aveugles* ceux qui ne verront pas que, même à cette époque (1788), il desirait que la nation Française fît bien un autre pas vers l'*affranchissement*, que d'adopter un *pacte social* analogue à celui des Anglais.

« Nous n'aurions pas tant de foi aux institutions Anglaises, si les connaissances politiques étaient plus anciennes ou plus répandues parmi nous. A cet égard la nation Française est composée d'hommes ou trop jeunes, ou trop vieux. Ces deux âges qui se rapprochent par tant d'endroits, se ressemblent encore en ce qu'ils ne peuvent l'un et l'autre se conduire que par l'exemple. Les jeunes cherchent

cherchent à imiter ; les vieux ne savent que répéter. Ceux-ci sont fidèles à leurs propres habitudes ; les autres singent les habitudes d'autrui : c'est le terme de leur industrie.

» Qu'on ne s'étonne donc pas de voir une nation ouvrant à peine les yeux à la lumière, se tourner vers la constitution d'Angleterre, et vouloir la prendre pour modèle en tout. Il serait bien à desirer dans ce moment que quelque bon écrivain s'occupât de nous éclairer sur les deux questions suivantes : la constitution britannique est-elle bonne en elle-même ? Lors même qu'elle serait bonne, peut-elle convenir à la France ?

» J'ai bien peur que ce chef-d'œuvre tant vanté, ne pût soutenir un examen impartial fait d'après les principes du véritable ordre politique. Nous reconnaîtrions peut-être qu'il est le produit du hazard et des circonstances, bien plus que des lumières. Sa chambre haute se ressent évidemment de l'époque de la révolution. Nous avons déjà remarqué qu'on ne pouvait guère la regarder que comme un monument de la superstition gothique.

» Voyez la représentation nationale comme elle est mauvaise dans tous ses élémens, de l'aveu des Anglais eux-mêmes ! et pourtant les caractères d'une bonne représentation sont ce qu'il y a de plus essentiel pour former une bonne législature.

» Est-ce dans les vrais principes qu'a été puisée l'idée de séparer le pouvoir législatif en trois parties, dont une seule est censée parler au nom de la nation? Si les seigneurs et le roi ne sont pas des représentans de la nation, ils ne sont rien dans le pouvoir législatif, car la nation seule peut vouloir pour elle-même, et par conséquent se créer des lois. Tout ce qui entre dans le corps législatif, n'est compétent à voter pour les peuples qu'autant qu'il est chargé de leur procuration; mais où est la procuration lorsqu'il n'y a pas élection libre et générale?

» Je ne nie pas que la constisution Anglaise ne soit un ouvrage étonnant pour le tems où elle a été fixée; cependant, et quoiqu'on soit tout prêt à se moquer d'un Français qui ne se prosterne pas devant elle, j'oserai dire qu'au lieu d'y voir la simplicité du bon ordre, j'y apperçois plutôt un échafaudage de précautions contre le désordre. Et comme tout est lié dans les institutions politiques; comme il n'est point d'effet qui ne soit l'origine à son tour d'une suite d'effets et de causes, que l'on prolonge suivant qu'on est capable de plus d'attention, il n'est pas extraordinaire que les fortes têtes y apperçoivent beaucoup de profondeur. Au reste, il est dans le cours ordinaire des choses que les machines les plus compliquées précèdent les véritables progrès de l'art social, comme de tous les autres arts ; son triomphe sera pareillement de produire de plus grands effets par des moyens simples.

» On aurait tort de décider en faveur de la constitution britannique, précisément parce qu'elle se soutient depuis cent ans, et qu'elle paraît devoir aller encore pendant des siècles. En fait d'institution humaine, quelle est celle qui ne dure pas très-long-tems, quelque mauvaise qu'elle soit? Le despotisme ne va-t-il pas aussi, ne semble-t-il pas éternel dans le monde?

» La meilleure preuve est d'en appeller aux *effets*. En comparant sous ce point de vue le peuple anglais avec leurs voisins du continent, il est difficile de croire qu'il ne possède quelque chose de mieux. En effet, il a une constitution, toute incomplète qu'elle peut être, et nous n'avons rien. La différence est grande.

Il n'est pas étonnant qu'on s'en apperçoive aux effets; mais il y a sûrement de l'erreur à attribuer au seul pouvoir de la constitution tout ce qu'il y a de bien en Angleterre. Il y a évidemment telle loi qui vaut mieux que la constitution elle-même. Je veux parler du jugement par *jurés*, le véritable garant de la liberté individuelle dans tous les pays du monde où l'on aspirera à être libre. Cette méthode de rendre la justice est la seule qui mette à l'abri des abus du pouvoir judiciaire, si fréquens et si redoutables par-tout où l'on n'est pas jugé par ses pairs. Avec elle il ne s'agit plus, pour être libre, que de se précautionner contre les ordres illégaux qui pourraient émaner du pouvoir ministériel. Il faut pour cela une bonne constitution, l'Angleterre ne l'a point: ou des circonstances telles que le chef du pouvoir exécutif ne puisse pas soutenir à force ouverte ses volontés arbitraires. On voit bien que la nation anglaise est la seule à qui il soit permis de n'avoir pas une armée de terre redoutable pour la nation. C'est donc la seule qui puisse être libre sans une bonne constitution; cette pensée devrait suffire pour nous dégoûter de la manie d'imiter nos voisins: consultons plutôt nos besoins;

ils sont plus près de nous ; ils nous inspireront bien mieux. Si vous tentez de naturaliser parmi vous la constitution anglaise, nul doute que vous n'en obteniez facilement les défauts, puisqu'ils seront utiles au seul pouvoir dont vous auriez à craindre quelques obstacles ; en aurez-vous les avantages ? Cette question est plus problématique, parce que vous rencontrerez alors un pouvoir intéressé à vous empêcher d'accomplir vos desirs. Après tout, pourquoi désirons-nous avec tant d'ardeur cette constitution exotique ? C'est qu'apparemment elle se rapproche des bons principes de l'art social. Mais s'il est, en tout genre, pour juger des progrès vers le bien, un modèle du beau et du bon, et si l'on ne peut pas dire que ce modèle, pour ce qui regarde l'art social, nous soit moins connu aujourd'hui qu'il ne l'était aux anglais en 1688, pourquoi négligerions-nous le vrai type du bon, pour nous en tenir à imiter une copie ? Élevons-nous tout d'un coup à l'ambition de vouloir nous-mêmes servir d'exemple aux nations.

» Aucun peuple, dit-on, n'a mieux fait que les anglais ; et quand cela serait, les produits de l'art politique ne doivent-ils être à la fin du dix-huitième siècle que ce qu'ils étaient dans le dix-septième ! les anglais n'ont pas été au-dessous des lumières de leur tems ; ne restons pas au-dessous des lumières du nôtre. Sur-tout ne nous décourageons pas de ne rien voir dans l'histoire qui puisse convenir à notre position. La véritable science de l'état de société ne date pas de loin. Les hommes ont construit long-tems des chaumières avant d'être en état d'élever des palais. Qui ne voit que l'architecture sociale doit être plus lente encore dans ses progrès, puisque cet art, quoique le plus important de tous, n'avait, comme l'on pense bien, aucun encouragement à recevoir des despotes et des aristocrates (1) » ?

Remarquons, au sujet du passage que nous

(1) « Ce serait l'époque d'une bonne constitution (pour l'Angleterre) ; mais ni l'opposition, ni le ministère n'en ont envie. On tient aux formes par lesquelles on existe; quelque vicieuses qu'elles soient, on les préfère au plus bel ordre social. Avez-vous jamais vu le vieillard caduc se consoler de mourir, quelque frais et vigoureux que puisse être le jeune homme qu'il voit prêt à le remplacer ? Il est dans la nature que les corps politiques, comme les corps animés, se défendent tant qu'ils peuvent du dernier moment ». (*Note de Sieyes*).

venons de citer que, Sieyes cherchant à nous prémunir contre l'imitation servile des anglais (système alors dominant de presque tous les amis du peuple), ne veut pas pour cela nous jeter dans les erremens des législateurs grecs, bien moins encore nous amener aux absurdes théories romaines. Il vient de nous dire que *la véritable science de l'état en société ne date pas de loin.* Il est donc persuadé que les lois de Solon, de Licurgue, et celles des douze tables, conviennent aussi peu à un grand corps social, que la constitution anglaise est contraire aux principes de la saine politique. Ne cherchons donc pas autant à devenir des athéniens; renonçons à ce respect religieux que nous éprouvons même pour le *pugilat du stade*; et puisque l'*histoire ne nous offre rien qui puisse convenir à notre position*, ne soyons que nous-mêmes.

Nous ne pouvons finir l'analyse des deux premiers ouvrages politiques de notre *philosophe*, sans rappeler ses efforts constans pour amener un meilleur état de chose, et les obstacles qu'il eut à vaincre, même de la part des écrivains patriotes, pour faire triompher la vérité toute entière. Entendons-le d'abord exciter le noble enthousiasme des politiques amis du peuple, qui le secondaient dans ses impatiens travaux.

« Il faut en convenir, il est des sciences qui tiennent autant à l'ame qu'à l'esprit. La Nation ne parviendra point à la liberté sans se rappeler avec reconnaissance ces auteurs patriotes des deux premiers ordres, qui les premiers abjurant de vieilles erreurs, ont préféré les principes de la justice universelle, aux combinaisons meurtrières de l'intérêt de corps contre l'intérêt national. En attendant les honneurs publics qui leur seront décernés, puissent-ils ne pas dédaigner l'hommage d'un citoyen dont le cœur brûle pour une patrie, et adore tous les efforts qui tendent à la faire sortir des décombres de la féodalité. Les évènemens aveugles, les mauvaises lois plus aveugles encore, ont conspiré contre la multitude. Elle a été déshéritée, privée de tout; il ne lui reste que de pouvoir honorer de son estime ceux qui la servent; elle n'a plus que ce moyen d'exciter encore des hommes dignes de la servir ».

Voyez comme il encourageait l'opinion publique, en faisant connaître les progrès que la raison et l'amour de la liberté avaient faits chez nous.

« Le garant de l'opinion publique ne peut être que là où est la force réelle. Nous ne pouvons être libres qu'avec le peuple, et par lui.

» Si une considération de cette importance est au-dessus de la frivolité et de l'étroit égoïsme de la plupart des têtes françaises, au moins ne pourront-elles s'empêcher d'être frappées des changemens survenus dans l'opinion publique. L'empire de la raison s'étend tous les jours davantage ; il nécessite de plus en plus la restitution des droits usurpés ; plus tôt ou plus tard il faudra que toutes les classes se renferment dans les bornes du contrat social..... Dans la longue nuit de la barbarie féodale, les vrais rapports des hommes ont pu être détruits, toutes les notions bouleversées, toute justice corrompue ; mais au lever de la lumière, il faut que les absurdités gothiques s'enfuient, que les restes de l'antiquité féroce tombent et s'anéantissent......
.... S'il ne faut pour consommer cet excellent marché, qu'exciter un peu d'enthousiasme dans le peuple, croit-on qu'il soit bien difficile de l'émouvoir, de l'attendrir

même, en lui parlant de le soulager, et en faisant retentir à son oreille les *mots* d'égalité, d'honneur, de fraternité, etc. etc.

» Les aristocrates qui ont attaqué les premiers, n'ont pas songé qu'ils commettaient la plus grande mal-adresse, en faisant agiter de certaines questions. Chez un peuple accoutumé à la servitude on peut laisser dormir les vérités ; mais si vous excitez l'attention, si vous avertissez de faire choix entre elle et l'erreur, l'esprit s'attache à la vérité, comme des yeux sains se tournent naturellement vers la lumière. Or, la lumière en morale ne peut se répandre à un certain point, sans conduire à l'équité, de gré ou de force ; c'est qu'en morale les vérités sont liées aux droits ; c'est que la connaissance des droits en réveille le sentiment ; c'est que le sentiment de ses droits remonte, au fond de l'ame, le ressort de la liberté, qui n'est jamais tout-à-fait brisé chez les Européens. Il faudrait être aveugle pour ne pas s'appercevoir que notre nation s'est heureusement saisie de quelques-uns de ces principes féconds qui mènent à tout ce qui est bon, juste et utile. Il n'est plus possible, ni de les oublier, ni de les contempler dans une stérile indifférence. Dans ce nouvel état de choses, il est naturel que les classes opprimées sentent plus vivement le besoin du retour au bon ordre; elles ont plus d'intérêt à rappeler parmi les hommes la justice, cette première des vertus, si long tems exilée de la terre. C'est donc au tiers-état à faire les plus grands efforts, et presque toutes les avances de la *restauration* nationale. Il faut, au surplus, le prévenir qu'il ne s'agit pour lui, s'il ne parvient à être mieux, que de rester au moins comme il était. Les circonstances ne souffrent point ce calcul de la lâcheté, il s'agit d'avancer ou de reculer. Si vous ne voulez point proscrire cette foule de priviléges iniques et anti-sociaux, décidez-vous donc à les reconnaître et à les légitimer. Or, le sang bouillonne à l'idée seule qu'il fut possible de *consacrer légalement*, à la fin du dix-huitième siècle, les abominables fruits de l'abominable féodalité. Il a été un tems, hélas bien long, où l'impuissance du tiers méritait à sa triste condition les regrets et les larmes des patriotes. Mais, si lui-même ourdissait son infortune, si, à l'époque où il peut quelque chose, il se vouait volontairement à l'abjection et, à l'opprobre; de quels sentimens, de quels noms faudrait-il le flétrir? On plaignait le faible, il faudrait mépriser le lâche. Ecartons l'image du dernier degré de malheur, certainement impossible, puisqu'il supposerait dans vingt-cinq millions d'hommes le dernier degré de bassesse.

» Je sais que mes principes vont paraître *extravagans* à la plupart des lecteurs. La vérité doit paraître aussi étrange au préjugé, que celui-ci peut l'être pour la vérité. Tout est relatif : que mes principes soient certains, que mes conséquences soient bien déduites, il me suffit.

» Au moins, dira-t-on, ce sont-là des choses absolument *impraticables* par le tems qui court. Aussi je ne me charge point de le pratiquer, mon rôle à moi est celui de tous les écrivains patriotes ; il consiste à publier la vérité. D'autres s'en rapprocheront plus ou moins, selon leur force et selon les circonstances, ou bien s'en écarteront par mauvaise foi ; et alors nous souffrirons ce que nous ne pouvons pas empêcher. Si tout le monde pensait *vrai*, les plus grands changemens, dès qu'ils présenteraient un objet d'utilité publique, n'auraient rien de difficile. Que puis-je faire de mieux que d'aider de toutes mes forces à répandre cette vérité qui prépare les voies ? On commence par la mal recevoir, peu à peu les esprits s'y accoutument, l'opinion publique se forme, et enfin, l'on apperçoit à l'exécution, des principes qu'on avait d'abord traités de folles chimères. Dans presque tous les ordres de préjugés, si des écrivains n'avaient consenti à passer pour *fous*, le monde en serait aujourd'hui moins *sage*.

» Je rencontre par-tout de ces gens qui par modération, voudraient *détailler* la vérité, ou n'en présenter à-la-fois que de légères parcelles. Je doute qu'ils s'entendent lorsqu'ils parlent ainsi. A coup sûr, ils ne considèrent pas assez la différence des obligations imposées à l'administrateur et au philosophe. Le premier s'avance comme il peut ; pourvu qu'il ne sorte pas du bon chemin, on n'a que des éloges à lui donner. Mais ce chemin doit avoir été percé jusqu'au bout par le philosophe, il doit être arrivé au terme, sans quoi il ne pourrait point garantir que c'est véritablement le chemin qui y mène.

» S'il prétend m'arrêter quand il lui plaît, et comme il lui plaît, sous prétexte de prudence, comment saurai-je qu'il me conduit bien ? Faudra-t-il l'en croire sur parole ? Ce n'est pas dans l'ordre de la raison qu'on se permet une confiance aveugle.

» Il semble en vérité, qu'on veut et qu'on espère, en ne disant qu'un mot après l'autre, surprendre un ennemi, le faire donner dans un piége. Je ne veux point discuter si même, entre particuliers, une conduite franche n'est pas aussi la plus habile ; mais à coup sûr, l'art des réticences, et toutes ces finesses de conduite, que l'on croit le fruit de l'expérience des hommes, sont une vraie folie dans des affaires nationales traitées publiquement par tant d'intérêts réels et éclairés. Ici le vrai moyen d'avancer ses affaires n'est pas de cacher à son ennemi ce qu'il sait aussi bien que nous, mais de pénétrer la pluralité des citoyens de la justice de leur cause.

» On imagine faussement que la vérité peut se diviser, s'isoler, et entrer ainsi par petites portions, plus facilement dans l'esprit. Non : le plus souvent il faut de bonnes secousses. La vérité n'a pas trop de toute sa lumière pour produire de ces impressions fortes, qui la gravent pour jamais au fond de l'ame ; de ces impressions d'où naît un intérêt passionné pour ce qu'on a reconnu vrai, beau et utile. Faites-y attention : dans le monde physique, ce n'est pas du rayon direct, c'est de ses reflets que naît la lumière; dans le monde moral, c'est du rapport et de l'ensemble de toutes les vérités qui appartiennent à un sujet. A défaut de cet ensemble, on ne se sent jamais suffisamment éclairé, et l'on croit souvent tenir une vérité, qu'il faudra abandonner à mesure qu'on méditera davantage.

» Quelle pauvre idée on a de la marche de la raison, quand on pense qu'un peuple entier peut rester aveugle sur ses vrais intérêts, et que les vérités les plus utiles, concentrées dans quelques têtes seulement, ne doivent paraître qu'à mesure qu'un habile administrateur en aura besoin pour le succès de ses opérations! D'abord cette vue est fausse, parce qu'elle est impossible à suivre. De plus, elle est mauvaise; ignore-t-on que la vérité ne s'insinue que lentement dans une masse aussi énorme que l'est une nation? Il n'y aura toujours que trop de tems perdu. Ne faut-il pas laisser aux hommes que la vérité gêne, le tems de s'y accoutumer; aux jeunes gens qui la reçoivent avidement, celui de devenir quelque chose, et aux vieillards celui de n'être plus rien? en un mot, veut-on attendre pour semer, le moment de la récolte?

» La raison, d'ailleurs, n'aime point le mystère ; elle n'est puissante en œuvre que par une grande expansion ; ce n'est qu'en frappant par-tout, qu'elle frappe juste, parce que c'est ainsi que se forme l'opinion publique, à laquelle on doit peut-être attribuer la plupart des changemens vraiment avantageux aux peuples, et à laquelle seule il appartient d'être utile aux peuples libres.

» Les esprits, dites-vous, ne sont pas encore disposés à vous entendre? vous allez choquer beaucoup de monde? il le faut ainsi : la vérité la plus utile à publier, n'est pas celle dont on était déjà assez voisin, ce n'est pas celle que l'on était déjà près d'accueillir ; non, c'est précisément parce qu'elle va irriter plus de préjugés et plus d'intérêts personnels, qu'il est nécessaire de la répandre.

» On ne fait point attention que le préjugé qui mérite le plus de ménagement, est celui qui se joint à la bonne foi ; que l'intérêt personnel le plus dangereux à irriter, est celui auquel la bonne-foi prête toute l'énergie du sentiment qu'on a pour soi la justice. Il faut ôter aux ennemis de la nation cette force étrangère ; il faut, en les éclairant, les condamner à la conscience *affaiblissante* de la mauvaise foi.

» Les

» Les personnes modérées à qui j'adresse ces réflexions, cesseront de craindre pour le sort des vérités qu'elles appellent prématurées, lorsqu'elles cesseront de confondre la conduite mesurée et prudente de l'administrateur, qui gâterait tout en effet, en ne calculant pas les résistances, avec le libre élan du philosophe, que la vue des difficultés ne peut qu'exciter davantage, à qui il n'appartient même pas de négocier avec elles; et qui est d'autant plus appelé à présenter les bons principes sociaux, que les esprits sont plus encroûtés de barbarie féodale.

» Lorsque le philosophe perce une route, il n'a affaire qu'aux *erreurs;* s'il veut avancer, il doit les abattre sans ménagement. L'administrateur vient ensuite; il rencontre les *intérêts*, plus difficiles à aborder, j'en conviens; ici il faut un talent nouveau, une science plus rare, différente des seules méditations de l'homme de cabinet; mais qu'on ne s'y trompe pas, bien plus étrangère à l'art de tels et tels ministres, qui se sont crus administrateurs parce qu'ils n'étaient pas philosophes.

» A son tour, on voudra bien reconnaître, si l'on est juste, que les spéculations des philosophes ne méritent pas toujours d'être dédaigneusement reléguées dans la classe des pures chimères. Si l'opinion finit par dicter des lois, même aux législateurs, certes, celui qui peut influer sur la formation de cette opinion, n'est pas aussi inutile, aussi inactif que le prétendent tant de gens qui n'ont jamais influé sur rien.

» Les discoureurs sans idée, et il en est quelques-uns de ce genre, rabâchent sans fin de misérables propos, sur ce qu'ils appellent l'importance de la pratique, et l'inutilité ou le danger de la théorie. Je n'ai qu'un mot à dire : supposez telle suite qu'il vous plaira de *faits* les plus sages, les plus utiles, les plus excellens possibles; eh bien ! croyez-vous qu'il n'existe pas dans l'ordre théorique une suite d'idées, ou de vérités exactement correspondantes à votre chaîne pratique : si vous n'êtes pas hors de la raison, elle vous suit; disons mieux, elle vous précède. Qu'est-ce que la théorie, s'il vous plaît, si ce n'est cette suite correspondante de vérités que vous ne savez point appercevoir avant leur *réalisation*, et qu'il faut bien cependant que quelqu'un ait apperçues, à moins que tout le monde n'ait opéré sans savoir ce qu'on faisait. Les gens qui pour l'ordinaire fatiguent la conversation du non sens que je viens de révéler, ne sont en vérité pas plus à la pratique qu'à la théorie. Pourquoi ne prennent-ils pas le parti le plus sage, plus *pratique*, de s'éclairer de l'une, s'ils en ont la faculté, au moins de profiter de l'autre, en se taisant sur des questions auxquelles ils peuvent, au fond, se consoler de ne rien entendre.

» La justice et la raison ne sauraient se plier à vos convenances ; ne demandez point quelle place, enfin, des classes privilégiées doivent occuper dans l'ordre social : c'est demander quelle place on veut assigner dans le corps d'un malade, à l'humeur maligne qui le mine et le tourmente. Il faut le *neutraliser*, il faut rétablir sa santé et le jeu de tous les organes, assez bien pour qu'il ne se forme plus de ces combinaisons morbifiques, propres à vicier les principes les plus essentiels de la vitalité ; mais on vous dit que vous n'êtes pas encore capables de supporter la santé ; et vous écoutez cet aphorisme de la sagesse aristocratique, comme les peuples orientaux reçoivent les consolations du fatalisme ! restez donc malade ».

Sieyes était bien éloigné de vouloir abandonner la nation à son marasme politique.

Nous allons voir, par l'analyse de son ouvrage intitulé : *Vues sur les moyens d'exécution*. Quel redoublement d'efforts il faisait pour rendre fructueuse la prochaine assemblée des états-généraux. Mais des circonstances impérieuses, et le besoin de réussir dans le grand œuvre de régénération qu'il méditait depuis nombre d'années, le forçaient de prendre une autre route. Elle menait bien au même but, mais elle était moins directe. Ce n'était plus le *philosophe législateur*, enseignant à une grande nation l'exercice le plus entier de ses droits sociaux ; c'était le *politique* profond guidant l'inexpérience indocile, sur une matière neuve encore, même pour presque tous les hommes éclairés qu'avait la France. Il n'était plus tems de *chicanner* sur les élémens des états-généraux ; il fallait, tels qu'ils étaient organisés, leur faire opérer une révolution à l'avantage du peuple. Tel fut le but et l'effet *des vues sur les moyens d'exécution*. Le premier bien que produisit cet écrit, fut de guérir la nation de son idolâtrie pour M. Necker. C'était ainsi qu'il faisait connaître les préventions et l'incapacité de ce ministre. « *Je vois avec douleur qu'il n'est pas de force à nous donner une constitution. Espérons que les représentans de la France n'auront besoin que d'eux-mêmes pour constituer la France.... Souvenons-nous que la reconnaissance a fait plus de mal aux peuples que le mécontentement* ».

Le second bienfait de ce même ouvrage, fut de combattre et de dissiper la cohue des prétendus érudits qui assourdissaient le peuple en *rabachant* à ses oreilles, que le germe de toute bonne constitution était dans nos vieux documens monarchiques ; il s'exprimait à leur égard de la manière suivante :

« Les archives des peuples ne sont point anéanties. Non, sans doute : mais c'est dans la raison et non ailleurs, qu'en est le véritable dépôt, le seul qui puisse être inviolable. Quand l'injustice préside aux évènemens, et change les sociétés en un mélange confus d'oppresseurs, d'opprimés, la raison veille sur tous ; elle ne se lasse point de leur présenter, pour des tems plus heureux, le tableau fidèle de leurs droits et de leurs devoirs.

» Au surplus, vainement s'obstinerait-on à remuer les ruines des anciens édifices politiques. On ne parvient point à se faire une juste idée de leur construction première. Les peuples européens, en particnlier, ont continuellement changé de constitution ou plutôt de formes, au point de n'être pas ressemblans à eux-mêmes deux âges de suite. Non, toutes nos recherches ne sont bonnes qu'à multiplier les difficultés. Les témoignages d'un siècle sont contraires à ceux d'un autre siècle. L'écrivain qui affirme le plus positivement, est démenti par l'écrivain qui l'a précédé et par celui qui le suivra. Ne voit-on pas que des témoins aussi incertains ne sont propres qu'à fournir des armes à tous les partis et à toutes les prétentions. Cependant, au milieu de ces interminables querelles, le tems se passe et l'occasion est perdue.

» Vous attachez quelqu'intérêt à connaître nos origines nationales. Soit; étudiez-les. Mais ne quittez pas le seuil de l'académie, vous qui consommez vos heures à ce genre de recherches. La liberté veut d'autres amis ; elle les appelle dans une autre carrière.

» Non, ce n'est pas à la fin du dix-huitième siècle que les français se croiront réduits à invoquer les lumières des législateurs sicambres et welches, et qu'ils demanderont humblement à l'ignorance même, la révélation d'un code social. Le tems est passé où quelques imbéciles admirateurs des annales, disons mieux, des légendes gothiques, rédactions ineptes des inepties contemporaines ou des fabuleuses traditions des cloîtres, étaient encore les maîtres dont il fallait écouter les misérables leçons. La lumière de la raison doit enfin s'allier avec le sentiment de la liberté. Nous saurons nous placer de nous-mêmes dans le chemin qui conduit à l'ordre social ; et là, puisqu'il faut se proposer d'aller en avant, nous n'aurons pas la ridicule faiblesse de prendre pour guides des gens qui ne savent que regarder en arrière.

» Vous qui voulez une constitution capable de fonder véritablement la liberté française, laissez nos prétendues origines dans les ténèbres impénétrables, où elles sont heureusement ensevelies à jamais. Épargnez-vous de sots et de stériles regrets ; car, lors même que ces origines se découvriraient tout-à-coup à vos yeux, qu'en espéreriez-vous? N'en doutez pas : vous les trouveriez étrangères à vos nécessités actuelles, comme les jeux et les querelles de l'enfance deviennent inutiles aux occupations de l'âge mur.

» Ne saura-t-on jamais rien faire pour les hommes, que leur prêcher la modération, et toujours la modération? Est-ce-là appliquer un remède à des maux invétérés? Hélas! depuis tant de siècles, nous sommes *modérés* et toujours malheureux!...

» Ce n'est pas que nous voulions présenter tous les hommes très-âgés, comme insensibles aux désordres publics. Ils supportent même pour la plupart, d'entendre parler de réformes; mais ils veulent et ne veulent pas; ils desirent et n'osent parler des ennemis publics. Si vous vous montrez dans la disposition courageuse d'attaquer les abus, ils vous conseillent, en tremblant, de n'employer au moins que des outils usés, incapables de mordre. Continuant de révérer par habitude les auteurs de leurs maux, s'ils se permettent à leur égard la moindre doléance, ce n'est qu'à l'aide des complimens les plus lâches, des prostrations les plus avilissantes. Oui, proposez-leur de les affranchir: s'ils y consentent, ce sera à condition de ne pas quitter une livrée qui les déshonore depuis *si longtems;* ils y sont accoutumés, et ils ont besoin de mourir fidèles à leurs anciennes chaînes.

» Mais nous, qui, libres au moins par la pensée et la volonté, conservons encore le ressort originel; emprunterons-nous toujours une attitude et un langage d'esclaves »!

Il ne suffisait pas d'avoir fait taire tous ces bavards admirateurs de nos chartes antiques; il fallait opérer la régénération de la France, malgré la mauvaise organisation des états-généraux. C'était, comme nous l'avons déjà remarqué, le grand et sublime but des *vues sur les moyens d'exécution*. Cet ouvrage devint le *manuel pratique* des représentans amis de la cause du peuple, durant les premiers mois de la révolution, et servit ensuite de base à d'autres plans plus étendus. Sieyes y traitait plusieurs questions préliminaires, qui traçaient les premiers devoirs des états-généraux. Nous allons les résumer au nombre de trois principales (1):

1°. De la banqueroute;

2°. De la liberté et de la permanence des assemblées nationales;

3°. De la loi constitutionnelle de l'impôt.

---

(1) Nous n'entendons pas dire par cette distinction, que les autres principes qu'émettait Sieyes n'eussent pas la même importance; mais nous appellons ces questions *principales*, parce que ce fut l'adoption des moyens qu'il y indiquait, qui firent faire à la première assemblée des représentans de la France, et à la révolution, des pas si rapides vers leur consolidation.

Diverses autres questions, et une foule d'idées lucides, font partie de ce même ouvrage; mais comme leur urgence était secondaire à cette époque, et que leur développement, leur application, appartiennent à d'autres tems et à d'autres travaux de Sieyes, nous nous bornerons ici à insérer l'extrait de ces trois belles opinions.

De la Banqueroute.

... « Il n'est que trop certain que les états-généraux, en souscrivant à la banqueroute, nous feraient perdre à jamais l'occasion la plus favorable et la moins coûteuse qui se soit offerte au peuple, d'acquérir une constitution libre. Et ce point de vue, qui intéresse le sort politique de la nation entière, est le plus affligeant pour les bons citoyens. C'est le plus malheureux des innombrables et funestes effets de la banqueroute. Avec elle il faut renoncer pour toujours à nos espérances patriotiques. Vous qui prenez un vif intérêt à la liberté civile, à la condition des peuples, à la constitution nationale; qui vous flattiez de faire bientôt des progrès en tout sens vers le bon ordre, cessez de croire à une patrie naissante; il n'est plus de patrie, il n'est plus de liberté. Le gouffre du despotisme a tout englouti.

» Il ne suffit pas de présenter à la nation, comme ayant perdu tout espoir de mieux, comme forcée de se contenter du sort auquel elle s'était accoutumée. Sa chûte est terrible. De nouveaux malheurs, une nouvelle ignominie se prépare pour elle.

» Une nation banqueroutière ! tel est le titre dont l'univers entier aurait droit de flétrir un peuple qui se disait franc, généreux, et qui osait prétendre à la liberté. Quel fruit du premier usage qu'on lui a permis d'en faire ! semblables à un troupeau d'esclaves dégénérés et méchans, dont une occasion fortuite aurait brisé les fers, incertains et rapaces, indignes de la liberté que le sort leur offrait ; ces malheureux ne savent que marquer leurs premiers pas, de vols, de violence, de désordre, et baisser la tête sous le fouet des commandeurs, qui viennent bientôt les ramener à la chaîne accoutumée.

» Les peuples créanciers ne se contenteraient pas de nous mépriser. L'Angleterre ne perd pas une occasion de nous susciter des ennemis. Elle échaufferait, elle combinerait tous les ressentimens, et nous ne tarderions pas à être en proie aux horreurs d'une guerre qu'il faudrait soutenir sans crédit, avec des fonds achetés à une usure exhorbitante. Après une perte d'hommes dont on se soucie peu, après la ruine d'une partie des fortunes, que la banqueroute semblait avoir respectée, la France, forcée d'implorer une paix honteuse, se trouverait dans un nouveau désordre, avec une nouvelle dette que l'usure aurait fait monter au double de la dépense effective.

» Mais je veux bien, avec les esprits incapables de considérer un évènement dans ses suites les plus vraisemblables, dès qu'elles s'éloignent un peu de ce qu'ils sont accoutumés à rencontrer autour d'eux ; je veux bien me placer dans la position la plus favorable à l'issue d'une banqueroute. Le moins qu'on puisse en souffrir, surpassera toujours les inconvéniens d'une nouvelle taxe. Ce n'est pas que je croye à la nécessité d'un impôt nouveau pour éviter la banqueroute, je m'expliquerai bientôt à ce sujet ; mais je dis que s'il fallait donner à choisir à la nation entre les dangers d'un nouveau subside et ceux de la banqueroute, elle ne devrait point balancer à adopter le subside. Et ce n'est pas seulement l'intérêt des créanciers et de tous ceux qui ont des rapports avec eux, c'est l'intérêt de l'universalité des citoyens. Les contre-coups d'un mouvement aussi violent, le crédit anéanti, le commerce et les arts paralysés pour cinquante ans, et trois cent mille hommes sur les grands chemins, ne décident que trop pour tous, lequel de ces deux maux il vaut le mieux éviter ; ils ne démontrent que trop que de tous les moyens de remplir le *déficit*, la banqueroute serait le plus cher, comme le plus désastreux pour la nation ».

» ...... Dans cette vue il serait à desirer que les états-généraux adoptassent une déclaration conçue à peu-près comme il suit :

» .... Les états-généraux considérant que toutes les parties qui constituent la dette publique, que tous les emprunts en particulier, faits jusqu'à ce jour, au nom du roi, ont été revêtus d'un tel concours de toutes les formes légales alors existantes, qu'il était impossible aux prêteurs d'en distinguer le vice radical ; considérant encore que le besoin et le projet d'une restauration nationale ne sauraient s'accorder avec le bouleversement dans les fortunes et avec les désordres innombrables qui résulteraient de la suppression de la dette publique : conduits par deux motifs aussi puissans, les états-généraux déclarent adopter la dette, au nom de la nation; ils statuent qu'elle sera consolidée, et qu'il sera pourvu, sous leurs ordres, tant au paiement des intérêts annuels, qu'au remboursement graduel qui doit toujours accompagner l'emprunt ».

De la liberté et de la permanence des Assemblées nationales.

» La question de la liberté des états-généraux embrasse, outre leur indépendance extérieure, cette organisation intérieure, complette et facile, que tout corps doit avoir pour être en état de remplir ses fonctions. Sans vouloir traiter à fond cette matière, nous allons en expliquer les principaux détails.

» Aucun député ne pourra être responsable au-dehors de tout ce qui aura été dit ou fait dans l'assemblée.

» Beaucoup de personnes penseront, et je suis fort de leur avis, que dans les premiers tems, et jusqu'à ce qu'une bonne constitution ait mis à l'abri de toute violence de la part de l'administration, il est juste d'étendre le privilège des députés à tous leurs propos, et à toutes leurs démarches *extérieures* qui auraient rapport aux affaires publiques.

» On a généralement en France des préjugés singuliers sur l'importance d'un président d'assemblée. On le regarde comme étant à la tête de la besogne, comme fait pour la diriger. Une erreur aussi dangereuse vient de ce que le ministre a eu intérêt que toutes les assemblées du royaume ne délibérassent que sous son autorité.

» Le président ou les présidens que les états-généraux éliront librement, ainsi que tous les autres officiers intérieurs, parmi les membres seulement de l'assemblée, ne sortiront pas plus que les autres officiers, des fonctions qui leur seront attribuées. Celles du président consistent à recueillir les voix suivant des formes prescrites, à prendre la parole au nom de l'assemblée dans les occasions ordinaires, et toutes les fois que pour une députation, par exemple, ou dans une affaire importante, il n'aurait pas été nommé un orateur *ad hoc*. Le président enfin a le soin de rappeler à l'état de la question ceux qui paraîtraient ne l'avoir pas entendue. S'il va au-delà, si vous permettez que votre président, ou tout autre membre, se fasse plus ou moins clairement l'interprète d'un pouvoir étranger, s'il vous donne à entendre qu'il sait, à de certains égards, ce que l'assemblée ignore, s'il devient porteur de promesse de la part du ministre ; si vous souffrez enfin que, de quelque manière que ce soit, on tente *d'influencer le débat*, comme disent les Anglais, il s'introduira parmi vous des abus de la plus dangereuse conséquence.

» Vous ne devez pas permettre non plus que votre président, nomme les membres qui doivent composer les commissions auxquelles l'assemblée renverra la préparation des affaires importantes ou épineuses, ou qu'il forme de ces commissions à volonté.

» On lui accorde assez généralement le droit de partager les voix, c'est-à-dire la voix prépondérante, en cas de partage d'opinions ; ce privilège est énorme : il ne faut point en faire l'apanage d'une place. La décision dépendrait trop évidemment d'une volonté particulière. Il faut reporter, le plus que l'on peut, cette voix décisive à la volonté générale, qui, si elle peut prononcer directement, prononcera au moins indirectement. Il appartient donc aux bons principes, que l'assemblée élise la personne qui aura le droit de partager la voix ; et la bonne politique, que ce ne soit pas toujours la même personne qui exerce cette fonction publique

publique. Je propose de nommer, tous les quinze jours, trois membres parmi ceux qui jouissent d'une réputation de vertu, et lorsqu'il y aura partage dans les opinions, les membres élus tireront au sort à qui restera la voix prépondérante......

» Une assemblée ne formerait jamais un vœu commun sans les opinions particulières qui la préparent, et dont il se forme; mais une fois la détermination arrêtée, tout ce qu'il y a d'inutile ou de dangereux dans les opinions préalables doit tomber avec elles. L'assemblée ne connaît et ne répond que de son ouvrage, et son ouvrage n'est que la commune décision.

» Aller jusqu'à punir un votant pour son avis, quel qu'il soit, est une barbarie. Ce serait dans la loi, une contradiction absurde; c'est, dans le pouvoir armé, un acte de tyrannie horrible. La liberté la plus entière est le droit inné, inattaquable et sacré de tout membre opinant dans un corps législatif. La licence ou l'excès ne commence qu'au moment où l'ordre intérieur de l'assemblée pourrait en souffrir, et nous avons vu que dans tous les cas de cette espèce, elle pouvait et devait suffire à sa police.

» C'est donc le droit et le devoir de ceux qui composent la représentation nationale, de s'éclairer personnellement sur chaque sujet de délibération, de manière qu'ils puissent arrêter leur avis avec entière connaissance de cause. Les commissions sont faites pour aider, pour faciliter ce travail particulier, et non pour en dispenser. Et qu'on ne pense pas que ces réflexions étaient trop simples pour avoir besoin d'être énoncées. Il sera plus d'une fois nécessaire de rappeler l'assemblée au principe fondamental, et si fécond, que le pouvoir législatif ne peut point être subdélégué, et qu'il appartient d'une manière inaliénable et intransmissible au corps des représentans.

» Dans le cours ordinaire des délibérations, le rapport d'une commission qui s'est portée avec zèle au travail dont on l'a chargée, suffit pour éclairer la généralité des votans. Il n'en est pas de même de quelques affaires plus compliquées : tel est, par exemple, l'état actuel des finances, dont les preuves supposent un grand nombre de pièces justificatives. Quelque parfait que soit le rapport de la commission des comptes, il faut encore avoir les preuves sous les yeux. C'est pourquoi nous observons que cette commission doit avoir reçu l'ordre spécial de diviser son ouvrage en autant de parties qu'il sera possible d'en examiner et vérifier séparément et complettement, et à chaque fois qu'elle aura un rapport partiel à faire à l'assemblée, de déposer auparavant au greffe toutes les pièces de conviction, pour l'instruction particulière des membres qui voudront les examiner attentivement. On sent assez la grande importance d'une pareille méthode, sans qu'il soit nécessaire de déduire ici les raisons qui doivent la faire adopter.

Il est d'une bonne politique de borner la *durée* de la députation à trois ans, et de régler qu'on ne sera éligible de nouveau qu'après un intervalle de trois ans d'abord, et de six ans ensuite, c'est-à-dire, lorsque le tems aura augmenté le nombre des citoyens éclairés; car les affaires publiques doivent être, dans le sens que nous le prenons ici, les affaires du plus de monde possible, et il faut éviter sur-tout qu'un petit nombre de familles ne vienne à *s'emparer* et des députations et de l'influence législative. De cette manière, la régénération des assemblées se fera par tiers. Le plus ancien triennat sera aux affaires depuis deux ans ; le second triennat y sera depuis un an, et le nouveau tiers qui profitera de l'expérience de ses collègues anciens, leur sera utile à son tour, en leur faisant mieux connaître le dernier vœu des peuples.

» Je ne serais point fidèle à mon plan, si je me permettais, sur toutes ces questions, des développemens ultérieurs. Je me borne à de simples indications.....

» Le corps législatif ne doit pas moins être permanens que les corps actifs. Le législateur est fait pour donner la vie, le mouvement et la direction à tout ce qui est occupé de la chose publique. C'est à lui à veiller sans cesse aux besoins communs de la société, et à ce qu'il y soit pourvu fidèlement, constamment et complettement. C'est à lui à juger de l'exigence des affaires, et du tems qu'il peut donner à ses *vacances*. C'est à lui à s'ajourner pour sa rentrée annuelle, à prévoir les circonstances où il pourrait être nécessaire qu'il reprît ses séances avant le terme convenu, et à déterminer d'avance la manière d'en donner avis à tous les députés. Par un arrangement aussi simple, votre législature ne présentera point l'étrange spectacle d'un corps mourant périodiquement, pour ressusciter lorsqu'il plaît à un intérêt différent du sien, de lui rendre la vie.

» Les frais de l'assemblée générale ne sont pas un obstacle à sa permanence. Il suffira de permettre aux membres de ne recevoir ni salaires, ni indemnités, pour que ces frais se réduisent à peu de chose.....

» Tout autre plan que celui de la permanence du corps législatif, aurait des embarras et des dangers sans fin. Vous vous contenteriez d'avoir une *commission intermédiaire*.... chargée de rendre compte à l'assemblée générale future?..... Mais 1°. n'est-il pas possible qu'un petit nombre de commissaires soit bientôt gagné par le pouvoir exécutif? Et 2°. cette commission, loin de garantir le retour prochain des états-généraux, ne sera-t-elle pas au contraire le meilleur moyen que vous puissiez accorder au ministre pour s'en délivrer à jamais?

» Pourquoi craindre, dira-t-on, que les états-généraux ne soient pas convoqués à des époques fixes? Il faudra bien qu'on les rappelle, s'ils n'ont accordé des subsides que pour un tems.

» Je ne nie point qu'après cinq ou six termes cela ne puisse être ainsi. Alors l'assemblée représentative pourra être en France, comme en Angleterre, tellement confondue avec le train habituel et nécessaire des choses, tellement protégée par les mœurs et l'opinion publique, que le ministère ne pourrait plus se dispenser de l'appeler à l'expiration des termes réglés pour la durée de l'impôt. Mais qu'on me permette de ne pas croire, par ce seul motif, à la certitude de ce retour périodique chez nous.

De la loi constitutionnelle de l'impôt.

» Toutes les parties de la représentation nationale étant supposées établies et en pleine activité, nous proposons de voter le subside aux conditions et dans la forme suivante :

» 1°. Il ne sera établi que pour un an.

» 2°. Sa grande répartition annuelle entre les provinces ne pourra être faite que par les états-généraux eux-mêmes.

» 3°. La seconde répartition entre les arrondissemens ou districts communaux, sera l'ouvrage des assemblées provinciales.

» 4°. La troisième répartition entre les paroisses, sera faite par leurs représentans assemblés en arrondissement communal.

» 5°. La dernière répartition entre les propriétés ou les citoyens, sera faite par l'assemblée paroissiale.

» 6°. Toutes les parties de l'impôt qui ne peuvent être réparties ainsi, ne pourront être administrées ou affermées que par les états-généraux eux-mêmes, s'il n'est pas possible d'en diviser l'administration, ou par les assemblées inférieures, si les états-généraux peuvent lui en confier séparément la gestion locale.

» 7°. La collecte des deniers publics, les réglemens qui y sont relatifs, et généralement tout ce qui la concerne, seront l'ouvrage des seules assemblées représentatives.

» 8°. Les deniers paroissiaux seront partagés suivant une loi de quotité générale, en deniers particuliers qui resteront à la disposition de la *commune*, et en deniers nationaux qui seront versés en remontant, dans les caisses des arrondissemens des provinces, et enfin, dans la grande caisse nationale.

» 9°. Auparavant, tous les emplois et paiemens à faire dans les divisions inférieures, y auront été acquittés sous la direction de l'assemblée, et d'après la décision des états-généraux, comme suprême ordonnateur.

» 10°. Toutes les parties de la dépense générale, réglées par les états-généraux, seront acquittées par la caisse nationale, ou par les caisses inférieures, pour le compte de la caisse nationale, et toujours sous les ordres de l'assemblée nationale.

» 11°. Les deniers publics ne pouvant être que les deniers de la nation, ils lui appartiendront dans tous les dégrés de leur circulation, jusqu'au paiement final; jusqu'à ce dernier moment, ils ne pourront, dans aucun cas, être soustraits à l'inspection et à la direction des assemblées représentatives.

» 12°. Enfin, tous les agens et officiers, sans distinction, employés aux finances, seront du choix et aux voix des mêmes assemblées, etc., etc., etc. ».

C'était ainsi que Sieyes façonnait les futurs représentans de la France à l'exercice de leurs devoirs, et la classe pensante du peuple français à l'usage de la liberté. Le tems enfin arrivait, où ce patriote ardent devait trouver une patrie tant desirée, et où le sujet de ses longues méditations devait se réaliser : il touchait au moment où il allait entrer dans le tourbillon révolutionnaire; où la vie la plus active, et le fracas des agitations régénératrices, allaient succéder aux combinaisons calmes et aux réflexions tranquilles du cabinet.

C'est ici le terme que nous avons posé à la première partie de la vie politique de Sieyes. Nous venons de le voir étant cet *être abstrait* qu'il appelle *philosophe*, marquer le but à l'*administrateur* dans l'ordre théorique. Maintenant, qu'il va se montrer lui-même sous l'acpect d'administrateur, voyons s'il a pu l'atteindre. Cela ne peut être qu'autant que chaque point de la ligne pratique qu'il va parcourir, sera exactement correspondant à la série de ses principes.

SECONDE PARTIE.

Des travaux politiques de Sieyes, *depuis* 1789 *jusqu'à la fin de l'an* 7.

L'Époque d'une révolution nouvelle dans les fastes de l'univers, approchait chaque jour : une fermentation salutaire agitait tous les esprits : chacun cherchait à s'éclairer sur ses droits : on parlait de liberté, on osait enfin examiner, et les prétentions ridicules de la noblesse, et les folies du fanatisme, et la puissance absolue de la royauté : on commençait à connaître les vrais principes de l'ordre social, et ce qui était plus essentiel, et ce qui donnait de plus grandes espérances encore, on remarquait quelques hommes supérieurs, qui, pleins de vues profondes, se proposaient d'opérer d'utiles changemens. Personne, d'après l'exposé que nous venons de tracer de l'immortel ouvrage de *Qu'est-ce que le Tiers?* ne sera tenté de nier sans doute, que Sieyes ne fût un de ceux qui contribuèrent davantage à imprimer un grand mouvement à la nation, à épurer l'opinion de tous les préjugés antiques qui la maîtrisaient, à faire naître et à propager les idées de réformation, et à répandre dans toutes les ames le feu du patriotisme jusqu'alors inconnu.

Dans ces circonstances, la convocation des états-généraux fut arrêtée ; l'esprit public avait pris une telle direction, qu'on devait rechercher les moyens de rendre cette assemblée d'une utilité générale. Alors deux clubs furent formés : le but de ceux qui les composaient était de préparer un parti d'opposition à l'anglaise. L'une et l'autre de ces sociétés était l'ouvrage de la *minorité* de la noblesse. On y trouvait, par conséquent, au milieu de quelques hommes bien intentionnés, une foule d'intrigans qui avaient essuyé les refus du ministère et les disgraces de la cour. On pense facilement que cette classe de sociétaires n'avait, en se réunissant, nullement le dessein de prendre la défense des intérêts du peuple, mais cherchait à se venger des possesseurs heureux du crédit et des richesses.

L'un de ces clubs s'assemblait au marais, chez *Adrien Duport*, député de la noblesse de Paris aux états-généraux.

L'autre avait un local au jardin du palais-royal ; il était plus actif, plus nombreux et plus répandu. On le connaissait sous le nom de *club des enragés ;* il a rendu des services réels à la cause populaire, en distribuant dans toute la France des pamphlets alors utiles. Cependant, chercher à créer un parti d'opposition à l'anglaise, ne paraissait pas un système assez vaste pour les philosophes qui avaient conçu un autre plan de régénération politique. On savait assez, par l'exemple de nos voisins, que c'était un très-faible rempart à opposer aux attaques de l'usurpation, et que tôt ou tard il était facile de le renverser. La constitution française devait être établie sur d'autres fondemens. Aucune de ces deux sociétés ne pouvait donc convenir à Sieyes sous ce rapport, aussi il ne fut membre ni de l'une ni de l'autre.

« Lorsque la raison publique nous donne évidemment la vérité, disait-il, pourquoi vouloir se borner à un parti de l'opposition ? Voulez-vous livrer la restauration des finances à l'esprit économique des gens de cour, confier l'établissement d'*une constitution libre* à l'énergie de *l'œil de bœuf*, ou bien aux lumières et à la probité parlementaire de certains personnages...... » !

L'homme qui, en 1789, tournait ainsi en ridicule les faibles idées d'un certain parti sur le système qu'il fallait embrasser, avait senti depuis long-tems la nécessité d'opérer une révolution totale dans le gouvernement, et il était loin de penser qu'il suffirait de corriger quelques abus de la monarchie, pour que la France pût être constituée comme le demandait la raison; depuis long-tems déjà, il était convaincu que si, sous un apparent amour de la liberté, des membres de la noblesse ou des parlemens se mêlaient des travaux de la révolution, ce serait avec le coupable projet de ralentir sa marche, de corrompre ou d'étouffer l'opinion, et de présenter ensuite un ouvrage informe et monstrueux. Lorsque ce philosophe parlait d'une *constitution libre*, il n'entendait pas une constitution qui, loin de détruire la royauté, la revêtirait d'une nouvelle forme, et lui déléguerait de nouveaux pouvoirs. Aussi n'est-ce qu'avec un juste sentiment d'indignation, que l'auteur de la notice de sa vie, ou que Sieyes lui-même s'écrie :

« Comment l'esprit public, si énergique d'abord, et déjà si avancé par ses premières victoires, s'est-il défié de lui-même pour se retrancher derrière ses indignes émules? Comment les a-t-il vus tranquillement à sa place, se parer de ses propres triomphes, et usurper la réputation de continuer son ouvrage en le renversant? Qu'a donc voulu la nature en douant l'homme de la prévoyance, si ce don sublime ne peut jamais lui épargner les frais de la longue et dure expérience »?

Ah! elles ont été pénibles, elles ont été cruelles, les leçons de l'expérience! Que de maux a produit la royauté dite constitutionnelle! Que d'espérances funestes elle a réveillées et soutenues pendant long-tems! Que de combats il a fallu livrer pour la détruire! que de malheurs, que de reproches, que de dissentions on eût évité, si au lieu de composer avec des institutions usées, on avait secondé le législateur qui voulait établir le gouvernement représentatif dans toute sa pureté. Ses projets hardis étaient appuyés sur des vérités éternelles, et tel est le caractère de ces dernières : elles veulent être adoptées dans leur intégrité, et lorsque, par un faux calcul, on se permet de les morceler, elles se vengent sans pitié de cet attentat.

Mais reprenons le cours des évènemens.

« Les assemblées de bailliage allaient se réunir. Il était indispensable d'établir, d'une part, une sorte d'uniformité dans les *cahiers*, et d'éviter d'une autre, qu'on cherchât inutilement dans les procès-verbaux de 1614, le modèle et le guide de ce qu'il y avait à faire à la fin du dix-huitième siècle; *il eût été plus fâcheux encore qu'on y eût trouvé ce modèle* ».

Il appartenait à l'écrivain célèbre qui, dans une théorie savante, avait démontré les droits imprescriptibles des nations, de diriger dans leurs opérations, des assemblées qui *voulaient* faire le bien, mais qui n'en connaissaient peut-être pas encore le vrai moyen. Le tems était venu d'abandonner la vieille route; l'ami le plus actif de la cause populaire avait le droit d'en ouvrir une nouvelle, et d'éclairer la marche de ceux qui étaient chargés de la parcourir les premiers. Sieyes s'empressa donc de rédiger un *plan de délibérations à prendre par les assemblées de bailliage*. On en prit des copies, et en quittant Paris pour se rendre dans les assemblées, plusieurs personnes en emportèrent avec elles.

Cet écrit est un des monumens précieux de notre révolution. Nous ne doutons pas qu'il ne lui serve d'époque sous le rapport moral, et que le peuple ne doive la conquête entière de ses droits aux vérités qui s'y trouvent énoncées. La plupart des travaux importans commencés et achevés depuis dix ans, n'ont été que des développemens des principes que renferme ce plan. Les priviléges y sont foudroyés avec toute la vigueur de la raison. Les droits politiques y sont présentés sans aucune restriction. La puissance nationale y est solemnellement proclamée comme la seule véritable, comme la seule légitime. Toutes les réformes importantes y sont indiquées. La théorie du systéme représentatif y est exposée avec une sagesse admirable. Enfin, toutes les grandes vérités de l'ordre social y sont placées, indiquées, combinées.

Des objets de la plus haute considération, étaient du ressort des délibérations, et devaient entrer dans la rédaction des assemblées de bailliage; pour ce qui concernait ce qu'on appelait alors le tiers, et que le philosophe pouvait seul diriger. Il fallait d'abord qu'elles s'occupassent des détails relatifs à leur propre organisation, et qu'elles en corrigeassent les vices. Il était nécessaire ensuite d'examiner tout ce qui avait rapport aux besoins généraux du peuple, et tout ce qui pourrait être la matière des travaux de l'assemblée nationale, et troisièmement, enfin, de statuer sur l'élection et les pouvoirs des députés.

Le vice principal qui avait existé jusqu'alors, c'était de ne pas avoir mis la grande majorité de la nation à la place qu'elle devait occuper. Pour détruire ce vice détestable, il était nécessaire de rappeler des principes trop longtems oubliés et méprisés.

« Une constitution à donner à vingt-cinq millions d'individus, ne peut-être que l'ouvrage des représentans de vingt-cinq millions d'entr'eux. C'est au *tiers* à rendre la liberté à la nation...... lui seul n'a que l'intérêt général en vue; lui seul peut se regarder comme le dépositaire de tous les pouvoirs; lui seul peut être chargé des destinées nationales; mais ce n'est qu'improprement que le *tiers* est appelé un ordre; il est la nation; il n'a point l'intérêt de corps à défendre; son unique objet est l'intérêt national ».

En présentant ces maximes fondamentales aux assemblées, n'était-ce pas leur dire qu'il fallait les adopter? N'était-ce pas porter le premier coup à tous les privilèges? N'était-ce pas en un instant réintégrer la nation dans la plénitude de ses droits? Ces vérités nous sont familières aujourd'hui ; mais qu'on se reporte par la pensée à l'époque où elles furent publiées ; qu'on se rappelle qu'elle était la puissance royale, et qu'on réfléchisse à la force et au courage d'esprit, qu'il fallait pour les adresser à toute la France.

On avait senti qu'il était dans les bons principes de faire élire la députation universelle par la généralité des électeurs, sans distinction d'ordre ; mais cette réunion n'eût été qu'apparente aux yeux du philosophe, si on n'eut pas commencé par abolir les injustes inégalités qui outrageaient la raison. Il importait donc d'établir une mesure préalable à toute réunion, c'était de demander la révocation absolue de tous les privilèges. Il appartenait à Sieyes de concevoir le premier cette grande idée, et d'en conseiller l'exécution. Voyons comment il s'exprime à cet égard :

» Il est absurde que la loi, ouvrage de la volonté commune, instrument créé et établi pour la protection commune, se change en instrument de faveur, distribuant aux uns des préférences aux dépens des autres. Le *véritable législateur* n'oubliera pas sans doute, que loin de faire naître des inégalités factices parmi les citoyens, il est chargé au contraire *d'empêcher les trop mauvais effets des inégalités naturelles;* que loin d'affaiblir la faiblesse et de fortifier la force, il doit garantir à la faiblesse qu'elle ne sera point dominée par la force (1), et assurer à chaque citoyen la liberté de disposer à son gré de sa personne et de sa propriété.

» Comme les priviléges ne sont pas moins injustes et moins odieux dans les droits *politiques* que dans les droits *civils*, le tiers ne peut pas voter en commun avec des hommes dont l'influence sur la formation de la loi, continuerait à être plus rapprochée et infiniment plus considérable que la sienne; il ne lui appartient pas de reconnaître et de consacrer par une démarche imprudente, la monstrueuse disproportion qui s'est glissée, dans

---

(1) Ce principe est fondamental dans tout état sagement constitué. Il n'appartient à aucune circonstance en particulier, il est de tous les tems. On peut regretter que, soit chez les anciens, soit chez les modernes, il n'ait pas toujours servi de règle aux législateurs, et qu'il n'ait pas été toujours respecté par les dépositaires du pouvoir. La force parvient à se déguiser sous tant de formes, qu'il est bien difficile de maintenir sans cesse la faiblesse contre ses attaques.

des tems malheureux, entre l'homme noble et celui de l'ordre commun. Ce n'est pas au tiers, qui est la nation, à professer que la minorité puisse jamais être substituée aux droits de la pluralité, et que la loi commune doive être formée contre l'intérêt commun en faveur de l'intérêt de corps ».

Certes, il n'était pas possible de donner des conseils plus fermes, et de rappeler la nation à sa véritable dignité d'une manière plus efficace. C'était là le seul langage qu'elle devait tenir, et la seule conduite qu'elle devait suivre d'abord, pour atteindre ensuite à de plus hautes destinées.

C'est avec la même force de raison, avec le même courage, que le *philosophe de la révolution* attaquait, et les vices des réglemens, et ceux des députations, et ceux des corporations, toutes monstruosités politiques qui existaient depuis des siècles, et qu'il était tems de renverser pour jamais.

Créer une constitution, assurer la liberté individuelle, changer l'administration des finances, assurer l'indépendance de la représentation nationale, marquer des limites à toutes les parties du pouvoir exécutif; tels étaient encore les grands objets qui devaient entrer dans la rédaction des cahiers, et sur lesquels Sieyes répandit la lumière.

« Aucun pouvoir ne peut être arbitraire : il faut que tous connaissent des limites, ou ce sont des monstres en politique : ainsi nécessité de limiter toutes les parties du pouvoir exécutif. A qui appartient ce droit? à ceux qui représentent réellement la France, à ceux qui sont les plus intéressés à la restauration nationale.

» Le pouvoir législatif réside essentiellement dans la volonté nationale, ainsi il doit être exercé par le corps des représentans de la nation.

» La représentation doit commencer par assurer sa liberté contre les actes de la tyrannie : ainsi le premier acte de sa puissance sera de supprimer tous les impôts, comme étant illégaux, et de les recréer provisoirement, et seulement jusqu'à la fin de sa session, attendu qu'elle devra statuer de nouveau sur ce grand objet : ainsi elle ne sera responsable au pouvoir exécutif d'aucunes paroles, écrits ou démarches relatifs aux affaires publiques.

» La confiance du peuple a été accordée, non à quelques députés, mais à la totalité des représentans ; ainsi les commissions chargées de préparer les matières, ne pourront jamais prendre sur elles de rien décider (1).

» La liberté individuelle est un objet sacré. Ainsi, tout ordre illégal sera proscrit : les ordres légaux seront soumis à des règles claires, et les citoyens seront garantis contre les *terribles effets de l'obéissance aveugle et illimitée de la part des militaires.*

» La liberté individuelle ne pourra avoir d'autres limites que celles qui seront indiquées par la loi.

» La loi qui sera faite pour mettre à couvert cette liberté, doit introduire parmi nous le jugement par *jurés*, comme le seul moyen de défendre la liberté contre l'arbitraire de tous les pouvoirs à-la-fois.

» La liberté de penser, de parler, d'écrire, d'imprimer ses écrits et de les publier, est une partie essentielle de la liberté individuelle ; ainsi la loi ne défendra à cet égard, comme à tous les autres, que ce qui nuit *aux droits d'autrui.* Elle n'attaquera point

---

(1) Cet article ne doit être violé dans aucun tems : s'il pouvait cesser d'être respecté, la représentation nationale n'existerait plus ; à la place serait la tyrannie de quelques ambitieux.

la faculté de parler, d'écrire, ni son exercice, mais seulement les abus (1).

» Ce n'est qu'en effaçantles limites des provinces, qu'on parviendra à détruire tous les priviléges locaux. Ainsi il sera bien essentiel de faire une nouvelle division territoriale par espaces égaux par-tout. Il n'y a pas de moyen plus puissant et plus prompt de faire sans troubles, de toutes les parties de la France, un seul corps, et de tous les peuples qui la divisent, une seule nation (2) ».

Ce n'était pas assez pour l'homme qui embrassait toutes les branches d'une grande et sage législation, qui jetait les fondemens

(1) Ces abus sont certainement très-difficiles à caractériser ; car jusqu'à présent, on n'a encore pu marquer d'une manière bien exacte, le point où ils commencent, et déterminer leur nature. Toutes les mesures prises sur cet objet ont été ou nulles ou insuffisantes.

(2) Le changement de provinces en départemens, et leur désignation par des noms pris dans la nature et dans les localités, fut une de ces conceptions remarquables qui détruisirent sans murmures, sans dissentions, une foule d'institutions bizarres, qu'on ne serait parvenu à renverser une à une qu'avec des peines infinies.

d'une révolution morale et politique, d'avoir donné ces instructions au peuple ; il était encore un objet qu'il regardait comme la partie la plus importante de la régénération sociale. L'utilité d'une déclaration des droits ne pouvait lui échapper ; elle devait donc entrer dans son plan, comme partie essentielle.

Une charte de plus, sans doute, fût-elle jurée et signée, ne suffit pas pour garantir aux citoyens la liberté dans leurs choses, dans leurs personnes ; mais elle ne peut être que précieuse à la nation, une déclaration qui présentera à tous la connaissance des grands droits sociaux, qui retiendra l'imagination qui ne connaît pas de bornes, et qui fera naître cet intérêt puissant que l'on porte généralement à ce que l'on sait être sa juste propriété.

Comme les hommes ne peuvent pas espérer atteindre d'abord à la perfection, une déclaration est un besoin constitutionnel : c'est dans une constitution, un principe de réformation propre à se développer, à suivre toujours le progrès des lumières, et à la rappeler à sa véritable origine.

Pour se convaincre qu'une déclaration des

droits est un acte nécessaire, remontons aux premiers principes du systéme social.

« Une nation qui députe des représentans, soit pour former une constitution, soit pour exercer la législature ordinaire, leur confie, pour remplir leur mission, tous les pouvoirs nécessaires et non au-delà.

» A la nation appartient la plénitude de tous les pouvoirs, de tous les droits, parce que la nation est, sans aucune différence, ce qu'est un individu dans l'état de nature, lequel est sans difficulté tout pour lui-méme.

L'individu, comme la nation, a besoin d'un gouvernement pour se conduire; dans l'individu, c'est la nature qui a pris soin de mettre une volonté pour délibérer et se décider, des bras pour agir, enfin des muscles pour soutenir le pouvoir exécutif. Dans une nation, au contraire, comme elle n'est qu'un corps d'institution positive, c'est aux associés qui la composent, à lui donner une volonté, une action, une force commune : on voit que les matériaux de cette triple institution y sont abondamment.

» Les volontés individuelles sont les vrais élémens de la volonté commune, et l'on sent comment chez un peuple nombreux cette volonté commune peut se former par un corps de représentans. L'individu n'a pas à craindre que sa volonté puisse se tourner contre son intérêt : toutes les parties de son gouvernement correspondent fort bien ensemble, à moins qu'il ne soit fou. Une nation est exposée à plus de dangers.

» Ses représentans pourraient, s'ils étaient mal constitués, se faire un intérêt à part ; et c'est la grande raison pour laquelle le pouvoir constituant doit être différent du pouvoir constitué. Dans cet esprit, une assemblée constituante ne se borne pas à organiser le pouvoir législatif ordinaire : il est clair qu'après lui avoir donné des jambes et des forces pour marcher, il faut encore lui marquer *son but*, et lui dire : tu iras là, et non ailleurs. Ce but c'est la déclaration des droits qui le lui indique, et elle se réduit à développer les points principaux, qui sont dans ces deux mots : *liberté, propriété.*

» Une assemblée nationale chargée d'établir une constitution, se propose donc deux objets, lorsqu'elle joint à son ouvrage une *déclaration des droits* (1) : elle marque au corps

(1) D'après la pensée de Sieyes, on remarque, sans

législatif le *but* social pour lequel il est créé et organisé; elle lui laisse tout pouvoir, toute force, pour y aller d'un pas ferme, et en même temps elle l'entoure de précautions, telles qu'il n'a plus ni pouvoir ni force, au moment qu'il voudrait sortir de la route qui lui a été tracée.

» Une déclaration des droits est encore le vrai moyen de pénétrer la généralité des citoyens, des principes essentiels à toute association humaine, légitime, c'est-à-dire, *libre*. Ce n'est pas que les bons esprits ne puissent lire ces principes dans le droit naturel; mais les neuf dixièmes de l'espèce humaine, dans ce sens, ne savent pas lire, il faut leur apprendre ce qu'il est important qu'ils sachent; d'autres, en très-grand nombre, seront capables de saisir et de sentir la vérité des bons

---

doute, qu'une déclaration des droits est le tableau des devoirs impérieux que ne peuvent enfreindre, sans violer la constitution établie, les membres du corps législatif constitué. La déclaration des droits pour les citoyens, est pour les représentans une déclaration de devoirs. C'est une espèce de garantie placée en avant de la constitution, pour la préserver des attaques de l'ambition, et qui peut servir à la nation pour juger si ses mandataires sont fidèles.

principes ; mais ils ont besoin d'être un peu aidés ; ils n'apperçoivent sur le plan de la nature que ce qui est en *saillie*. C'est donc au législateur à faire *ressortir* les parties essentielles qu'on ne doit pas perdre de vue. Pour ces deux classes d'hommes, on ne saurait mettre trop de solemnité au travail, par lequel on détachera du droit naturel, pour en frapper tous les regards, les droits universels de l'homme et du citoyen ».

En parcourant le développement de ces vérités premières, en examinant l'enchaînement qui les lie entre elles, en les méditant, il est impossible de ne pas être convaincu que Sieyes avait, bien avant l'époque de la révolution, conçu le généreux dessein de délivrer la nation française du joug de la tyrannie royale. Le systême représentatif était, depuis long-temps, organisé dans la tête de ce penseur profond. Toutes ses idées, toutes ses méditations s'étaient tournées vers ce but; et s'il lui eût été possible de réaliser, sur-le-champ, ses immenses projets, nulle doute qu'il n'eût élevé ce gouvernement sur les débris de la monarchie, lors de la première assemblée. Nous croyons pouvoir le dire de nouveau, on n'a rien fait d'utile depuis le premier jour de notre régénération, qu'il n'ait conseillé même avant qu'elle ne commençât; si entre la royauté et la démocratie pure, il y a une constitution que puissent adopter les grandes nations, c'est la constitution représentative. Lui seul en a jeté les bases parmi nous. Voulez-vous une nouvelle preuve de la vérité de notre opinion à cet égard? lisez l'article par lequel il termine son plan de *délibérations*. Voyez de quel profond respect il était pénétré pour les droits du peuple; voyez quel était son amour pour la liberté, comme il cherchait à en répandre le germe dans toutes les ames et à lui assurer une durée impérissable. Il s'adresse toujours aux assemblées de bailliage:

« Il ne peut exister parmi les hommes une meilleure méthode de faire la loi, que la méthode des représentans. Verriez-vous moins de danger à laisser à un homme seul l'exercice du pouvoir législatif? Aimeriez-vous quelques ministres, ou un nombre quelconque d'aristocrates? Préféreriez-vous la démocratie populaire avec ses mouvemens tumultuaires et incertains? Convenez que le système du gouvernement représentatif est le seul qui soit digne d'un corps d'associés qui aiment la liberté, ou, pour dire plus vrai, c'est le seul gouvernement légitime : occupez-vous seulement de bien constituer votre représentation ; prévenez par la régénération triennale (1), la formation de l'esprit aristocratique ; et enfin, offrez-lui son but dans une bonne déclaration des droits, qu'elle ne puisse s'en écarter sans être à l'instant punie par la perte de votre confiance (2) ; alors, croyez-moi, rassurons-nous sur notre sort ».

Nous pensons qu'après avoir lu ce *plan de délibérations* rédigé au commencement de 1789, et que l'on peut regarder peut-être comme le fruit de vingt années de méditations, personne ne doutera que Sieyes n'ait été de tout tems, un des amis les plus ardens de la liberté, un des ennemis les plus déclarés

---

(1) Ce sage conseil ne reçut son exécution que dans l'an 3. Il est maintenant un article fondamental de notre constitution.

(2) Il peut souvent arriver que la première autorité constituée, aveuglée par l'exercice d'un grand pouvoir, oublie qu'il est au-dessus d'elle des lois auxquelles elle est tenue d'obéir comme le simple citoyen. C'est un grand malheur pour l'état, qu'il n'y ait pas alors une puissance indépendante qui la fasse rentrer dans le cercle constitutionnel, et qui la force à suivre ses devoirs.

de la royauté, et de tout gouvernement contraire aux grands intérêts du peuple. Il est impossible de croire que celui qui, non-seulement proclamait alors ces principes, mais qui même prescrivait, pour ainsi dire, à la nation de les adopter pour loi, puisse jamais changer de sentimens, puisse jamais abandonner la cause de l'égalité et celle de la république. Il faut avouer que les titres qu'il aurait à présenter à l'indulgence ou à la faveur d'un tyran, seraient aussi nouveaux que peu propres à lui inspirer une grande confiance. C'est en vain que dans ces derniers tems, de vils folliculaires, agens impies de l'étranger, ont voulu ternir sa réputation par de grossières calomnies, et cherché à ébranler la confiance que les républicains sincères ont mise dans ses talens, sa sagesse, et son dévouement civique, ils ne recueilleront de leurs criminelles manœuvres que le mépris universel; et malgré leurs vociférations et leurs mensonges perfides, ils n'auront pu répondre à l'attente de nos ennemis extérieurs; Sieyes n'abandonnera pas les rênes de l'état; la république est une partie de son ouvrage, il continuera de la défendre avec courage et énergie, et un jour il sera mis au rang de ceux qui auront le plus contribué à la sauver, et des attaques du royalisme et des fureurs de la démagogie.

De tout tems la malveillance s'est occupée de donner aux meilleures actions, aux vues les plus utiles, une interprétation fâcheuse, en supposant à leurs auteurs un but caché. C'est ce qui arriva lorsque *les délibérations* parurent, et ce fut un des moyens dont certains ennemis de Sieyes se saisirent pour répandre et accréditer le bruit qu'il devait y avoir de l'intelligence entre lui et d'Orléans. Voici ce qui donna lieu à cette fausse opinion ou à cette calomnie :

« Lorsque les princes du sang se furent ouvertement déclarés contre les intérés du peuple, et que l'on vit d'Orléans ne pas se ranger de leur parti, on voulut profiter de cette mésintelligence. Quelques patriotes proposèrent à Sieyes de rédiger un projet d'instruction qu'on voulait, disait-on, engager ce prince à envoyer par ses procureurs-fondés, dans ses nombreux bailliages; le philosophe se mit à rire, et répondit assez plaisamment, qu'il ne se croyait pas destiné à travailler pour des princes. On insista au nom de la cause commune. Il leur répondit : puisque c'est-là l'intérêt qui vous guide, pourquoi ne pas vous

servir

servir tout uniment *du plan de délibérations* que vous connaissez ?

« On en prit copie, et on le joignit sans y rien changer aux *instructions* que le prince fit faire *ailleurs* ». *Les instructions* connues sous le nom *de d'Orléans, ne sont donc point de Sieyes; il n'y est pour rien; il ne les a connues qu'avec le public.* Il n'y a de lui que l'ouvrage dont nous venons de parler, et qui a été mis à la suite des instructions sans qu'il s'en soit mêlé. Le fait est véritable, et en lisant notre extrait on a pu vérifier si les *délibérations* ont seulement l'apparence *d'avoir été rédigées pour un prince, ou pour servir un parti quel qu'il pût être.* L'erreur contraire est donc palpable, et la vérité est, *qu'il n'y a jamais eu de rapport entre l'auteur et le prince, ni en ce tems, ni à aucune des époques successives de la révolution.* Ainsi, tout ce que l'on a dit à cet égard, ne sont que des bruits inventés par les méchans et recueillis et répandus par les oisifs ou les bavards.

Quoi qu'il en soit, l'assemblée électorale de Paris avait commencé ses opérations. Elle avait d'abord arrêté que les choix ne pourraient tomber ni sur un noble, ni sur un prêtre. Elle avait vingt députés à nommer;

au dix-neuvième scrutin, elle crut devoir rapporter son arrêté d'exclusion ; et si quelqu'un était digne d'être admis à cette époque, à l'honneur d'être membre de la députation du tiers, c'était bien, sans doute, l'auteur *du Plan de Délibérations* : Plein de modestie, lui seul pouvait ne pas y compter ; mais tous ceux qui desiraient un meilleur gouvernement, ne devaient point l'oublier. Aussi, au dernier balotage la majorité des suffrages se réunit-elle en sa faveur.

Nous voici arrivés à l'époque où Sieyes, revêtu de la plus auguste mission, précédé par une grande réputation de talens et de patriotisme, placé par le peuple au rang de ses véritables représentans, s'efforcera de justifier la confiance nationale, de répondre à l'attente des amis de la liberté, et de donner, pour ainsi dire, la vie aux principes qu'il n'a encore publiés que comme écrivain philosophe. Il faut maintenant que la sagesse réalise ses projets, et que le génie fasse l'heureuse application de ses découvertes. Le voilà sur le plus grand théâtre du monde. Il s'est déclaré l'ennemi implacable de toutes les vieilles institutions, de tous les abus qui y sont attachés ; il faut les renverser et les détruire. Naguères il a dit aux assemblées du peuple : il faut faire cela ; maintenant il est délégué par ce peuple, il faut qu'il exécute ce qu'il lui conseillait. Remplira-t-il ses hautes destinées ? Son zèle le tentera, et nous le verrons, luttant avec courage contre tous les préjugés, marquer la carrière immense qu'il va parcourir, par des combats et des succès éclatans.

Les états-généraux étaient réunis déjà depuis quelque-tems, et ils restaient dans une funeste inaction. La députation des communes avait arrêté en arrivant à Versailles, que les pouvoirs ou les lettres de créances des députés ne pouvaient être soumis à un autre jugement que celui des représentans eux-mêmes, et en commun. La noblesse et le clergé, ainsi qu'on devait s'y attendre, n'adoptaient pas cet avis. Aux propositions qui leur étaient faites, ils ne répondaient que par des discours évasifs ou extravagans. En vain tous les moyens conciliatoires et raisonnables étaient employés pour engager et déterminer ces deux ordres à faire en commun la vérification des pouvoirs. Rien n'avait, jusqu'alors, pu vaincre leur résistance. Cependant il était indispensable d'avancer, il fallait répondre à l'espérance de la France entière, qui attendait avec une juste impatience, le premier effort de ses représentans. Retarder plus long-tems les grandes opérations pour lesquelles on était délégué, c'était tromper la confiance publique. Sieyes, indigné de ces retards, fatigué de toutes ces misérables oppositions, pénétré de la grandeur de ses devoirs, *osa couper le cable du vaisseau que la mauvaise foi retenait encore au rivage.*

Le 10 juin, il fit dans l'assemblée des communes une proposition vigoureuse, qui, en tranchant toutes les difficultés, ne laissait aucun doute sur la puissance qui devait appartenir à cette assemblée. Les hommes éclairés de la révolution, et ceux qui n'ont pas abjuré toute bonne-foi, conviennent encore de la fermeté qu'il déploya dans cette séance et dans celles qui suivirent. Après avoir démontré qu'il était tems de sortir d'inaction, que cette non-vérification empêchait qu'on se livrât aux travaux intéressans de la prospérité nationale, il proposa de constater le refus des deux chambres privilégiées; en conséquence, de leur adresser une invitation nouvelle, et de se déclarer, bientôt après, assemblée active, si elles continuaient à persister dans leur résolution. A la suite de cette proposition, il présenta ce projet d'invitation. Il est énergiquement conçu, et si nous le transcrivons avec plaisir, nous ne doutons pas qu'on ne le lise avec le plus grand intérêt.

« Nous sommes chargés par les députés des communes de France, de vous prévenir qu'ils ne peuvent pas différer davantage de satisfaire à l'obligation imposée à tous les représentans de la nation; il est tems assurément, que ceux qui annoncent cette qualité, se *reconnaissent* par une vérification commune de leurs pouvoirs, et commencent enfin à s'occuper de l'intérêt national, qui seul, et à l'exclusion des intérêts particuliers, se présente comme le grand but auquel tous les députés doivent tendre d'un commun effort; en conséquence, et dans la nécessité où sont les représentans de la nation de se mettre en activité sans autre délai, les députés des communes vous prient de nouveau, et leur devoir leur prescrit de vous faire, tant individuellement que collectivement, une dernière invitation à venir dans la salle des états, pour assister, concourir, et vous soumettre, comme eux, à la vérification commune des pouvoirs... Nous sommes chargés, en même-tems, de vous avertir qu'il sera procédé à cette vérification, tant en présence qu'en l'absence des députés privilégiés ».

Tout était prévu dans cette espèce de sommation : le refus de ceux à qui elle était adressée devenait indifférent aux députés des communes, puisqu'ils avaient déclaré que, nonobstant toute opposition, ils se constitueraient en assemblée active ; dans le cas où les privilégiés continueraient de montrer la même opiniâtreté qu'ils avaient fait paraître jusqu'alors, la nation instruite des efforts de ses députés, approuvait leur conduite, et condamnait la résistance coupable des deux ordres privilégiés.

Cette proposition était trop conforme aux principes pour ne pas être favorablement accueillie par les députés du tiers. Elle fut adoptée à l'unanimité. C'est le premier acte par lequel ils s'élevèrent à la hauteur de leurs droits, et en quelque sorte le premier point de départ de notre révolution.

On sait quel succès obtint alors cette sage invitation ; elle ne fut accueillie que par quelques membres du clergé.

Sans perdre plus de tems, les représentans s'occupèrent de la vérification des pouvoirs, et quelques jours après, Sieyes, fidèle au plan qu'il s'était tracé, s'élevant au-dessus des obstacles, démontra par un enchaînement de principes et de conséquences, qu'il devenait indispensable de procéder incontinent à la constitution de l'assemblée, en assemblée active.

« Il est constant par le résultat de la vérification des pouvoirs, que cette assemblée est déjà composée de représentans envoyés directement par les quatre-vingt-seize centièmes au moins de la nation.

» Une telle masse de députations ne saurait être inactive par l'absence de députés de quelque bailliage, ou de quelques classes de citoyens; car les *absens*, qui ont été appelés, ne peuvent point empêcher les présens d'exercer la plénitude de leurs droits, sur-tout lorsque l'exercice de ces droits est un devoir impérieux et pressant.

» De plus, puisqu'il n'appartient qu'aux représentans vérifiés de concourir à former le vœu national, et que tous les représentans vérifiés sont dans cette assemblée, il est encore indispensable de conclure qu'il lui appartient et qu'il n'appartient qu'à elle d'interpréter et de présenter la volonté générale de la nation: nulle autre chambre de députés simplement présumés, ne peut rien ôter à la force de ses délibérations.

» L'assemblée juge donc que l'œuvre commune de la restauration nationale peut et doit être commencée sans retard par les députés présens, et qu'ils doivent la suivre sans interruption comme sans obstacle.

» La dénomination d'*assemblée nationale* est la seule qui convienne à l'assemblée, dans l'état actuelle des choses, soit parce que les membres qui la composent sont les seuls représentans légitimement et publiquement *connus et vérifiés*, soit parce qu'ils sont envoyés directement par la presque totalité de la nation, soit enfin parce que la représentation nationale étant *une* et indivisible, aucun des députés, dans quelque ordre qu'il soit choisi, n'a le droit d'exercer ses fonctions séparément de cette assemblée.

» L'*assemblée nationale* arrête que les motifs de la présente délibération seront incessamment rédigés pour être présentés à la nation ».

Cette opinion produisit la plus forte impression sur toute l'assemblée. Elle donna lieu à une discussion importante, qu'il n'entre pas dans le plan de cet ouvrage de rapporter. Il nous suffit de dire que la proposition de Sieyes fut unanimement adoptée.

Ainsi la voilà légalement promulguée, notre révolution politique ! Ainsi la voilà déjà dépouillée, cette puissance royale, d'une partie des droits qu'elle avait usurpée sur le peuple ! Ainsi la voilà renversée en un instant, cette gothique institution des états-généraux ! Les efforts des privilégiés pour maintenir leurs révoltantes prétentions, n'ont servi qu'à hâter l'instant de leur destruction, et à établir plutôt les vrais principes de l'ordre social. Ce changement prodigieux est le triomphe de la philosophie et de la cause populaire. Les députés des communes sont mis à la place qu'ils doivent occuper ; ils ne seront plus une portion de la représentation, ils seront la représentation elle-même : ainsi que dans les tems de barbarie ils ne joueront plus un rôle passif. Inspirés par un homme de génie, ils ont reconquis la puissance nationale ; eux seuls l'exerceront désormais ; eux seuls auront le droit de manifester la volonté de vingt-cinq millions d'hommes. Ils sont maintenant en mesure, non pour accorder des subsides et pour être ensuite dissous, mais pour créer une constitution, pour jeter les fondemens du système représentatif, et pour établir la liberté. Dès ce moment l'œuvre de la régénération politique est commencée, et la nation paraît dans toute sa gloire. Les journées des 10, 15 et 17 juin 1789, retentirent dans l'avenir, et elles préparèrent cette immortelle journée qui arriva trois ans après. Oui, je ne crains pas de le dire, cette double opération de la vérification des pouvoirs et de la constitution de l'assemblée nationale, est la source de la plupart des évènemens que nous avons vus se développer. Ce sont-là de ces profondes conceptions, de ces grandes exécutions qui font époque dans l'histoire des nations et dans celle de l'esprit humain.

Le despotisme et ses auxiliaires qui ne s'y attendaient peut-être pas, frémirent d'une mesure aussi profonde que hardie. On voulut dès-lors jeter la terreur parmi les membres de l'assemblée nationale, on voulut les dissoudre,..... il n'était plus tems. On pouvait les forcer de changer le lieu de leurs séances, mais il n'y avait aucune puissance humaine qui pût leur arracher leurs droits, et leur enlever leurs pouvoirs sacrés. Le 20 juin, ainsi que tout le monde se le rappelle, des hommes armés empêchèrent les représentans de la nation de s'assembler dans le local des états-généraux, et ce crime de lèze-nation fut commis sur de misérables prétextes. Cet attentat ne fit que redoubler le courage et enflammer le patriotisme des députés ; ils se lièrent au salut public et aux intérêts de la patrie par un serment solemnel. L'athlète qui avait porté les premiers coups à la tyrannie, la combattit vigoureusement dans cette circonstance. C'est dans ce péril que Sieyes développa de nouveau toute l'énergie de son caractère ; et qu'il fut un des plus intrépides défenseurs de l'assemblée qu'il avait en quelque sorte organisée. C'est à lui, sans doute, que l'on doit la rédaction de ce serment sublime que tous prêtèrent au fameux jeu de paume ; puisque c'est son ouvrage, il doit trouver ici sa place.

« L'assemblée nationale considérant, qu'appelée à fixer la constitution, à opérer la régénération de l'ordre public, rien ne peut empêcher qu'elle ne continue ses délibérations, et ne consomme l'œuvre importante pour laquelle elle est réunie, dans quelque lieu qu'elle soit forçée de s'établir, et qu'enfin par-tout où ses membres se réunissent, là est l'assemblée nationale, a arrêté que tous les membres de cette assemblée prêteront à l'instant serment de ne jamais se séparer, et de se rassembler par-tout où les circonstances l'exigeront, que la constitution et la régénération publique ne soient établies et affermies, et que ledit serment étant prêté, tous les membres, et chacun d'eux en particulier, confirmeront cette résolution inébranlable par leur signature ».

Ce serment put apprendre, d'une part, à la nation, que les hommes qui étaient chargés de la représenter et de défendre ses plus chers intérêts, méritaient sa confiance, et de l'autre, dut convaincre la tyrannie que l'assemblée nationale ne se laisserait, ni dominer par la crainte, ni écraser par la force.

Cependant, la majorité des deux ordres crut enfin que le plus sage parti était de se réunir, et elle se rendit dans le sein de l'assemblée pour coopérer à ses travaux. Pendant quelque-tems on ne s'occupa que de discussions particulières. On en vint ensuite à la question générale des mandats impératifs. Cette question tenait aux principes de la morale et du bien public, et une mauvaise solution pouvait condamner les députés à une funeste léthargie. Un homme célèbre, et qui, quoiqu'en disent les ennemis de la république, a rendu de signalés services à la liberté dans les importantes fonctions dont il a été revêtu, parla avec force et éloquence contre la limitation des pouvoirs. Sieyes, qui avait déjà consacré dans une déclaration adoptée précédemment par l'assemblée, les principes utiles à cette matière, fit la proposition de décider qu'il *n'y avait pas même lieu à délibérer sur le fonds*. Les motifs de son avis étaient, « que la nation française devant toujours se regarder légitimement représentée par la pluralité de ses députés ; ni les mandats impératifs, ni l'absence volontaire de quelques membres, ni les protestations de la minorité, ne pouvaient jamais ni arrêter son activité, ni altérer sa liberté, ni atténuer la force de ses statuts, ni enfin restreindre les limites des liens soumis à sa puissance législative, laquelle s'étendait essentiellement sur toutes les parties de la nation et des possessions françaises ».

Il était impossible de résoudre d'une manière plus prompte la difficulté de la question, et de prévenir, avec plus de succès, toutes les chicanes de la mauvaise foi. Sieyes eut encore dans cette occasion, le glorieux avantage de renverser le dernier obstacle qui s'opposait à l'entière indépendance des députés.

L'assemblée nationale était toujours environnée d'un grand appareil militaire. Des troupes nombreuses avaient été appelées par l'ombrageuse tyrannie, et entouraient Paris et Versailles. Les représentans du peuple français souffraient de cet outrage et en étaient indignés. On se rappelle l'adresse qu'ils firent à cet égard. Il s'agissait de défendre l'honneur national, et l'intérêt public ; il y avait de nouveaux périls à vaincre, de nouveaux dangers à braver. Sieyes fut encore un de ceux qui élevèrent dans cette circonstance une voix éloquente, et qui décidèrent les ordres que l'assemblée fit transmettre à ce conseil royal qui conspirait contre la liberté.

« Je crois utile, disait-il, de rappeler à l'assemblée, que dans toute assemblée délibérante, on ne peut pas se croire assez libre pour délibérer, s'il se trouve des troupes à moins de dix lieues de ses séances. Une vérité incontestable, est que l'assemblée nationale doit être libre dans ses délibérations ; mais elle ne peut l'être au milieu des bayonnettes ; et lors même que le sentiment intérieur de tous ceux qui la composent, les éleverait au-dessus de toute crainte, ce n'est pas assez, puisqu'il est absolument nécessaire que le peuple, que la nation les regarde comme libres, si l'on ne veut pas perdre tout le fruit de cette assemblée ».

Ces observations sont courtes ; mais elles ont une grande force de raison. La concision dans des périls imminens, est la preuve de l'énergie d'une grande ame, et elle produit toujours plus d'effet que les longues et vaines déclamations.

Le peuple électrisé par le courage réfléchi de ses représentans, ouvrant les yeux sur la conduite perfide de la cour, ne put retenir plus long-tems son indignation, et le 14 juillet fut marqué par sa juste vengeance. Tant qu'il y aura des philosophes et des hommes libres sur la terre, cette journée sera révérée. Sieyes s'est montré et se montrera toujours l'admirateur passionné de cette insurrection. Lisons ce qu'il a écrit sur cet objet.

« L'insurrection mémorable survenue à Paris le 14 juillet, et propagée, comme par un coup électrique, dans toutes les provinces ; cette insurrection devenue nécessaire, contre les efforts évidemment criminels et rebelles du conseil royal, ne peut pas se séparer de la confiance dûe à l'assemblée nationale. Loin toute fausse comparaison. Ce fut bien véritablement le peuple français qu'on vit alors, prêtant lui-même force à la loi, et venant au secours de ses représentans, qui la faisaient en son nom. Ainsi fut prouvée de nouveau, mais avec une évidence et une force sans réplique, la volonté certaine de la nation sur la nature et l'étendue des pouvoirs qu'elle avait confiés à ses députés ».

Ce grand évènement, et ceux qui le suivirent, donnèrent lieu à des discussions particulières; on proposa des mesures à prendre dans ces circonstances orageuses : tout cela ne pouvait être que l'ouvrage de la perfidie de quelques nobles, ou de l'erreur de quelques députés qui n'avaient sans doute qu'une idée fausse de la marche impétueuse d'une révolution. Sieyes resta calme, et garda le silence. Il n'y avait rien à dire alors; le moment de l'action était arrivé, et s'il eût été nécessaire de parler, sa voix ne se serait élevée que pour enflammer le courage du peuple, et l'exciter à terminer son ouvrage. Il était persuadé, ce législateur habile, que l'insurrection était un devoir sacré, lorsque la royauté était en révolte ouverte. Il y avait eu un 23 juin, il fallait bien un 14 juillet; et le jour de la justice devait luire enfin après tant de siècles de crimes et d'usurpations. Dans la succession des

des tems il est des époques inévitables que toute la force humaine ne saurait reculer, et il se rencontre alors quelques êtres extraordinaires, que la nature semble avoir préparés d'avance pour seconder le développement et le succès de ses immuables desseins.

Cependant, l'assemblée nationale continuait le cours de ses travaux, et prenait les mesures préliminaires pour donner à la France une constitution. Différens comités étaient chargés de préparer et de présenter les objets des discussions successives. Les talens, les services éminens, les ouvrages éclatans de Sieyes avaient marqué sa place dans l'un de ces comités. Il fut membre de celui de constitution. Il avait démontré, dans *les plans des délibérations* que nous avons fait connaître, la nécessité de placer en tête de la constitution une déclaration des droits: déjà il en avait jeté les bases. Mieux que personne il pouvait en présenter une digne de l'assemblée. Ses collègues du comité de constitution l'invitèrent à travailler au projet de cette déclaration. Il reçut cette invitation le 16 juillet; et le 20, son zèle ardent avait achevé cet ouvrage. Tous les principes de l'harmonie sociale étaient combinés dans sa tête, et il lui fallait peu de tems pour en tracer le plan.

Ce projet de déclaration renferme toutes les grandes vérités politiques. C'est un tableau achevé *des droits de l'homme et du citoyen, tels qu'ils paraissent découler de ses rapports naturels et sociaux.*

Sieyes, qui voyait l'assemblée nationale composée de parties hétérogènes, car la réunion forcée des deux ordres n'avait pas produit unité de sentiment et d'opinions; Sieyes, qui avait observé que plusieurs des membres de cette réunion, loin d'être inspirés par l'amour du bien public, étaient au contraire dominés par des intérêts particuliers; Sieyes, di-je, craignait que la constitution à laquelle on se proposait de travailler, ne fût incohérente dans ses rapports, et ne renfermât des dispositions peu favorables au peuple et à la liberté. Pour le moment il paraissait n'y avoir aucun moyen d'empêcher ces inconvéniens; mais on pouvait au moins préparer le remède qui servirait à les corriger dans un tems rapproché. Ainsi, après avoir établi dans la déclaration qu'il était authentiquement reconnu que l'assemblée nationale avait le droit d'exercer le pouvoir constituant, il proposait d'ajouter :

» L'assemblée nationale déclare que la constitution qu'elle va donner à la France, et que la nécessité des circonstances doit rendre provisoirement obligatoire pour tous, ne sera pourtant définitive, qu'après que de nouveaux députés, régulièrement délégués pour exercer le seul pouvoir constituant, l'auront revue, réformée s'il y a lieu, et lui auront donné un consentement national que réclame la rigueur des principes (1).

» Les représentans de la nation française pensent qu'il est bon d'exposer et de proclamer les droits de l'homme en société, soit afin d'instruire les citoyens de ce que nul ne doit ignorer, soit pour le guider eux-mêmes, en se présentant constamment le but de leurs travaux, soit enfin pour laisser au peuple (c'est peut-être là le point le plus essentiel)

(1) On observa que celui qui parlait ainsi ne devait pas un jour être grand partisan d'une constitution au milieu de laquelle, en dépit du bon sens, on avait placé une royauté héréditaire avec tous les pouvoirs nécessaires pour dévorer la liberté publique.

Il est bien essentiel de remarquer encore ici une idée principale, et qui fut réalisée dans des tems postérieurs; celle d'une convention nationale. L'avenir est prévenu par l'homme de génie.

un point de comparaison toujours subsistant, et propre à lui faciliter le jugement et la réforme des institutions politiques qui viendraient à s'écarter de leur véritable destination ».

Avant d'arriver à la formation de la société, il fallait prendre pour ainsi dire, l'homme dans la nature ; examiner ses besoins et ses moyens, ses relations réciproques, et les rapports faux ou légitimes qu'il pouvait former. Ces derniers étaient principalement dignes d'occuper l'attention des représentans du peuple, et de les guider dans leur ouvrage. C'était sur-tout l'objet de l'état social, les avantages qui en découlent, l'égalité politique, l'origine, la nature du pouvoir qu'il fallait développer à leurs yeux, puisque cette analise importante renferme tous les principes de la législation et du gouvernement. Sieyes traita toutes ces matières abstraites avec une clarté telle, qu'il était facile d'en saisir le sens. Suivons-le dans son exposé :

» L'objet de l'union sociale est le bonheur des associés.

» Les citoyens en commun ont droit à tout ce que l'état peut faire en leur faveur.

» L'état social protège l'égalité des droits

contre l'influence naturelle, mais nuisible, de l'inégalité des moyens. La loi sociale, couvrant de son autorité tutélaire l'universalité des citoyens, elle garantit à tous la pluralité de leurs droits.

» L'homme entrant en société ne fait pas le sacrifice d'une partie de sa liberté ; même hors du lien social, nul n'avait le droit de nuire à un autre. Ce principe est vrai dans toutes les positions où l'on voudra supposer l'espèce humaine. Puisque le droit de nuire n'a jamais pu appartenir à la liberté, c'est une erreur de croire qu'on la perd en s'associant avec ses semblables.

» Loin de diminuer la liberté individuelle, l'état social en étend et en assure l'usage ; il la confie à la garde toute-puissante de l'association entière.

» La liberté est plus pleine et plus entière dans l'ordre social, qu'elle n'a jamais pu l'être dans l'ordre qu'on appelle *de nature*.

» La liberté s'exerce sur des choses *communes* et sur des choses *propres*.

» La propriété de la personne est le premier des droits.

» De ce droit primitif découle la propriété des *actions* et celle du travail.

» La propriété des objets extérieurs ou la propriété *réelle*, n'est pareillement qu'une suite et comme une extension de la propriété personnelle..... Par des opérations analogues à celles qu'emploie la nature, quoique plus dépendante de la volonté, je m'approprie un objet qui n'appartient à personne et dont j'ai besoin, par un travail qui le modifie, qui le prépare à mon usage.

» Les propriétés *territoriales* font la partie la plus importante de la propriété *réelle*. Dans leur état actuel, elles tiennent moins au besoin personnel qu'au besoin social.

» Celui-là est libre qui a l'assurance de n'être point inquiété dans l'exercice de sa propriété personnelle, ni dans l'usage de sa propriété réelle.

» Il n'appartient qu'à la loi de reconnaître et de marquer les limites de la liberté individuelle (1).

---

(1) Cette liberté individuelle serait toujours respectée si les législateurs étaient tellement justes, que jamais ils ne fissent de mauvaises lois. Il paraît impossible que les principes de la déclaration des droits, ne soient pas quelquefois oubliés par ceux qui ne devraient jamais les perdre de vue. On est malheureux de n'avoir pour

» Hors de la loi, tout est libre pour tous; car l'union sociale n'a pas seulement pour objet la liberté d'un ou de plusieurs individus; mais la liberté de tous.

» Il faut une garantie à la liberté, *cette garantie ne sera bonne que quand elle sera suffisante, et elle ne sera suffisante que quand les coups qu'on peut lui porter seront impuissans contre la force destinée à la défendre* (1); nul droit n'est complettement assuré, s'il n'est protégé par une force relativement irrésistible.

» La liberté individuelle a, dans une grande société, trois sortes d'ennemis à craindre.

» Les moins dangereux sont les citoyens malévoles (2).

» La liberté individuelle a beaucoup plus à redouter des entreprises des officiers char-

---

garantie de leurs devoirs, que la vertu des hommes, dans des siècles où on ne peut plus compter sur cette vertu.

(1) Ne peut-on pas ajouter : *et que la force destinée à défendre la liberté ne pourra l'attaquer ?*

(2) Il est des époques où ces ennemis de la liberté individuelle sont les plus dangereux et les plus effrayans. Ces époques sont rares, mais elles sont terribles quand elles arrivent.

gés d'exercer quelqu'une des parties du service public.

» Les simples mandataires isolés, des corps entiers, *le gouvernement lui-même en totalité*, peuvent cesser de respecter les droits du citoyen.

» Quel spectacle que celui d'un mandataire qui tourne contre ses concitoyens les armes ou le pouvoir qu'il a reçu pour les défendre, et qui, criminel envers lui-même, envers la patrie, ose changer en instrumens d'oppression les moyens qui lui ont été confiés pour la protection commune !

» La séparation et une bonne constitution de tous les pouvoirs publics, sont la seule garantie qui puisse préserver les nations et les citoyens de ce malheur extrême (1).

.... » Une constitution embrasse à-la-fois : ....

» *La formation et l'organisation intérieure des différens pouvoirs publics ;*

---

(1) Cela ne suffit pas encore ; il faut une garantie à la constitution, contre les passions envahissantes de ceux qui sont chargés des pouvoirs, car on sent que si la constitution vient à être violée, par contre-coup la liberté l'est aussi. Quand cette dernière cesse d'être respectée, c'est que la première renferme quelque vice.

» *Leur correspondance nécessaire, et leur indépendance réciproque ;*

» Enfin, *les précautions politiques dont il est sage de les entourer, afin que toujours utiles, ils ne puissent jamais être dangereux.*

» Tel est le vrai sens du mot constitution : il est rélatif à l'ensemble et à la séparation des pouvoirs publics. Ce n'est point la nation que l'on constitue ; c'est son établissement politique. La nation est l'ensemble des associés, tous gouvernés, tous soumis à la loi, ouvrage de leurs volontés, tous égaux en droits, et libres dans leurs communications et dans leurs engagemens respectifs. Les gouvernans, au contraire, forment, sous ce seul rapport, un corps politique de création sociale.

» Une constitution suppose, avant tout, un pouvoir constituant.

.... » Il n'est pas nécessaire que les membres de la société exercent individuellement le pouvoir constituant : ils peuvent donner leur confiance à des représentans qui ne s'assembleront que pour cet objet, sans se permettre d'exercer aucun des pouvoirs constitués. Chez un peuple nombreux, cette délégation est forcée par la nature même des choses.

...... « Il existe une différence entre les droits *naturels et civils*, et les droits politiques ; elle consiste en ce que les droits naturels et civils sont ceux *pour* le maintien et le développement desquels la société est formée, et les droits politiques, ceux par lesquels la société se forme et se maintient.

» Tous les habitans d'un pays ont droit à la protection de leur personne, de leur propriété, de leur liberté ; mais tous n'ont pas droit à prendre une part active dans la formation des pouvoirs publics. Les femmes, *du moins dans l'état actuel*, les enfans, les étrangers, ceux encore qui ne contribueraient en rien à soutenir l'établissement public, ne doivent point influer activement sur la chose publique. Tous peuvent jouir des avantages de la société ; mais ceux-là seuls qui contribuent à l'établissement public, sont comme les vrais actionnaires de la grande entreprise sociale.

« L'égalité des droits politiques est un principe fondamental. Elle est sacrée comme celle des droits civils......... La loi étant un instrument commun, ouvrage d'une volonté commune, ne peut avoir pour objet que l'intérêt commun. *Une* société ne peut avoir qu'un intérêt général. Il serait impossible d'établir l'ordre, si l'on prétendait marcher à plusieurs intérêts opposés; l'ordre social suppose nécessairement *unité* de but et *concert* de moyens (1).

» Tous les pouvoirs publics, sans distinction, sont une émanation de la volonté générale; tous viennent du peuple.

........» Pour entretenir une force tutélaire au-dedans et au-dehors, on sait qu'il faut des hommes et de l'argent. Chaque citoyen, sans distinction, doit se mettre en état de payer de sa bourse et, s'il est nécessaire, de sa personne.

........» Le mandataire public, quel que soit son poste dans les diverses parties de l'établissement public, n'exerce pas un pouvoir

---

(1) Quand ces deux moyens sont réunis, l'esprit public est à son plus haut degré. Une nation alors est invincible. C'est-là ce qui fait sa force; c'est-là ce qui rend la victoire permanente dans les armées d'une république, et qui multiplient ses triomphes. Ceux des membres de l'association qui rompent cette *unité* et ce *concert*, ne doivent plus faire partie du contrat, et, quels qu'ils soient, si l'on veut sauver l'état, il faut prendre contre eux des mesures justes, mais sévères.

qui lui appartienne en propre, c'est le pouvoir de tous ; il lui a été seulement confié : il ne pouvait pas être aliéné, car la volonté est inaliénable : on peut seulement en commettre l'exercice à ceux qui ont notre confiance, et cette confiance a pour caractère essentiel d'être libre. C'est donc une grande erreur de croire qu'une fonction publique puisse jamais devenir la propriété d'un homme ; c'est une grande erreur de prendre l'exercice d'un pouvoir public pour un *droit*, c'est un *devoir*. Les officiers de la nation n'ont au-dessus de tous les autres citoyens que des devoirs de plus ; et qu'on ne s'y trompe pas, nous sommes loin, en prononçant cette vérité, de vouloir déprécier le caractère d'homme public. C'est l'idée d'un grand devoir à remplir, et par conséquent d'une grande utilité pour les autres, qui fait naître et justifie les égards et le respect que nous portons aux hommes en place. Aucun de ces sentimens ne s'éleverait dans des ames libres, à l'aspect de ceux qui ne se distingueraient que par des droits, c'est-à-dire, qui ne réveilleraient en nous que l'idée de leur intérêt particulier (1) ».

---

(1) Ces dernières vérités devraient être gravées dans tous les lieux où s'assemblent les magistrats du peuple.

Nous n'avons pas besoin de remarquer, sans doute, que tous les principes d'une bonne constitution sont établis dans ce projet de déclaration, et qu'il renferme la règle des devoirs imposés aux fonctionnaires publics. Toutes les parties y sont co-ordonnées avec un art achevé. Sieyes, en rédigeant ce travail, pensait, sur-tout, au grand objet qui occupait sans cesse toutes les facultés de son ame, celui d'organiser le gouvernement représentatif chez une grande nation, pour assurer et consolider sa liberté politique. C'est-là l'idée principale qui respire dans tous ses ouvrages, c'est elle qui l'a guidé dans l'ensemble de ses travaux. Peut-être il ne l'avait adoptée, cette idée, qu'après de longues recherches et de profondes méditations, et il n'avait préféré cette nouvelle forme de constitution que parce qu'il était convaincu

---

L'homme se défend difficilement de l'illusion qui accompagne toujours l'exercice du pouvoir. Comme il peut oublier quelquefois que ce pouvoir n'est nullement à lui, qu'il n'est qu'un chargé d'affaires plus ou moins importantes, il ne serait pas inutile que dans ses fonctions ses regards fussent frappés continuellement des maximes éternelles, qui doivent le guider dans ses fonctions.

que la démocratie, proprement dite, ne pouvait point convenir à un peuple nombreux, et que loin de servir à recréer l'association, elle amènerait la dissolution de l'état. Si la démocratie lui eût paru favorable à la prospérité nationale, il ne lui aurait pas été plus difficile d'en offrir le plan que celui du gouvernement représentatif. Certes, pour la tyrannie l'un était aussi à craindre que l'autre, et quand on avait en sa présence le courage d'établir le dernier, on aurait pu, si on l'avait cru utile, proposer la première.

La déclaration dont nous avons présenté l'esquisse, ne fut pas entièrement adoptée par l'assemblée nationale; mais comme les vrais principes sont *uns*, si celle qu'elle préférât après la discussion renfermait ces principes, c'est toujours Sieyes que l'on doit en quelque sorte regarder comme l'auteur de cette déclaration. D'ailleurs, comme on le sait, long-tems avant l'assemblée, lorsque personne n'y pensait encore peut-être, il avait démontré à la nation toute entière la nécessité et l'importance de proclamer ces grandes idées.

Dans une des éditions de sa déclaration des droits, Sieyes inséra quelques remarques sur le caractère français et les progrès de la vérité. Quoique ces observations ne puissent pas être directement regardées comme une partie des opérations de ce législateur à l'assemblée nationale, nous croyons cependant ne pas trop interrompre l'ordre que nous avons adopté en les insérant à la suite de l'analise de la déclaration.

Les observateurs ont pu remarquer qu'en général tout ce qui paraissait en France de profond et de raisonné, était aussitôt traité de *métaphysique*. Quelquefois encore on rencontre des gens qui tiennent ce langage, et qui avec ce mot, qu'ils n'entendent pas le plus souvent, décident hardiment du mérite des meilleurs ouvrages. Voyons comme Sieyes juge et condamne ce travers d'esprit. Il nous semble que *Condillac* n'a rien en ce genre de mieux pensé.

« Il n'est pas d'acte de patience dont le Français sache mieux se défendre, que de donner son attention à ce qui ne l'intéresse ni dans ses plaisirs, ni dans ses affaires particulières. Hors de ses affections privées et de ses habitudes, tout lui semble *métaphysique*. Essayez de lui prouver que les hommes, pourtant, n'ont été susceptibles de quelques progrès que pour avoir su écouter et s'approprier des idées nouvelles : ce raisonnement-là même est encore pour lui de la métaphysique ; car telle est le nom dont la multitude qualifie les vérités les plus utiles, jusqu'au moment où, bon gré, mal gré, elles se font jour dans toutes les classes de citoyens. Le petit nombre de gens qui savent lire ou écouter n'est guère plus raisonnable. D'abord, il y a un amour-propre à se venger, et l'on soutient envers toute vérité nouvelle qu'elle est *prématurée* (1). On oublie ainsi et l'on fait semblant d'oublier que la raison doit se *mûrir* elle-même, et que pour préparer la saison des lumières, elle a besoin de la préciser (2).

» Toutes les vérités aujourd'hui les moins contestées et les plus répandues, ont essuyée à leur origine, ce reproche ou cette prétendue injure ; ensuite elles sont devenues peu-à-peu des principes certains pour les uns,

(1) Il en est de même à l'égard des institutions politiques, qui ne sont au fond que d'utiles vérités réalisées.

(2) Trop heureux les philosophes, lorsque leurs idées ou leurs découvertes n'ont été exposées qu'aux reproches de l'ignorance !

ignorés ou repoussés par les autres ; enfin elles ont grossi la masse des idées communes, et ne sont plus que du bon sens pour tout le monde. Tel est le sort de la vérité ; et il est si constant qu'il lui faut passer par ces trois époques, que les notions les plus triviales chez nous paraîtraient encore de la métaphysique transcendante à la plus grande partie des peuples répandus sur le globe (1) ».

La discussion sur différens projets de *déclaration des droits*, occupa plusieurs jours l'assemblée nationale. Des mouvemens particuliers arrivés dans divers endroits, et inséparables d'une grande commotion politique, fixèrent son attention pendant quelque tems. Sieyes, tout entier aux travaux du comité de constitution, contemplait les effets rapides de la révolution, et calculait la marche et la direction des évènemens qu'il avait en partie créés et préparés. Se défiant de la noblesse, à la sincérité de laquelle il ne croyait pas beaucoup, il examinait la conduite de

(1) Une déclaration des droits, par exemple, proposée aux Turcs, serait regardée par eux comme de la métaphysique bien obscure ; et c'est cependant l'exposé des principes les plus simples et les plus naturels.

ses membres les plus influens, et cherchait à démêler leurs projets cachés sous le masque d'un faux patriotisme. Cependant, une question assez importante lui fit rompre le silence. Cette époque n'est pas la plus remarquable de sa vie, mais ce fut celle où les ennemis de la liberté commencèrent à lancer sur lui le poison de la calomnie, et s'efforcèrent de corrompre, par de malignes interprétations, ses discours et ses opinions. La question agitée alors était les dîmes ecclésiastiques. Dans la fameuse nuit du 4 août, nuit où les ruines du gouvernement féodal achevèrent de s'écrouler, la dîme avait cédé, comme tous les autres droits absurdes, à l'empire de la raison. Seulement l'assemblée nationale avait arrêté qu'elle serait rachetable. Lorsque la rédaction de l'article fut présentée, on proposa une résolution différente. Le premier sentiment avait été l'effet de la justice, le second était celui de l'intrigue. Certes, Sieyes n'était pas le partisan de la dîme, cela aurait été trop contradictoire : il la regardait au contraire comme *la prestation territoriale la plus onéreuse et la plus incommode pour l'agriculture*. Ce n'était pas, ce ne pouvait pas être la suppression de la dîme qu'il voulut attaquer, c'était l'opinion qui s'accréditait, qu'elle était non rachetable. Il savait que le résultat de cette opération donnait aux propriétaires fonciers soixante-dix millions de rente. Cette ressource immense lui paraissait perdue pour l'état. Il y voyait l'avantage des riches et non celui du peuple. Il le trouvait calculé sur la proportion des fortunes, et il savait qu'on y gagnait d'autant plus, qu'on était plus riche. Cela était si vrai, qu'on entendit quelqu'un remercier l'assemblée de lui avoir donné, par son décret, trente mille francs de rente de plus. Ce n'était donc pas la dîme que Sieyes défendait, c'était donc moins les intérêts du clergé que ceux de la nation, pour lesquels il employait ses talens dans cette occasion. Il eût été bien étonnant qu'un philosophe aussi ennemi déclaré des abus, se fût avoué tout-à-coup le défenseur du plus onéreux des impôts. C'était donc les intérêts de la nation qu'il soutenait, avec force contre la rapacité des grands propriétaires ; il était donc toujours le même, toujours conséquent à ses principes, toujours *rectiligne*, et lorsqu'il s'écriait : *ils veulent être libres, et ils ne savent pas être justes !* c'est qu'il était indigné que le trésor national ne retirât aucun profit d'une opération, qui n'aurait dû être faite qu'au bénéfice de l'état.

« Prenez garde, disait-il, que l'avarice ne se masque sous l'apparence du zèle. ..... La dîme n'appartient à aucun des propriétaires qui la paient aujourd'hui. Aucun n'a acheté, n'a acquis en propriété cette partie du revenu de ces biens. Donc aucun propriétaire ne doit s'en emparer. Il est étonnant qu'au milieu de tant d'opinans qui paraissent n'annoncer que le désir du bien public, aucun, cependant, n'aille au-delà du bien particulier. On veut supprimer la dîme ; pourquoi? est-ce pour le service public? est-ce pour quelqu'établissement utile? non, c'est que le propriétaire voudrait bien cesser de la payer: elle ne lui appartient pas ; n'importe, c'est un débiteur qui se plaint d'avoir à payer son créancier, et ce débiteur croit avoir le droit de se faire juge de sa propre cause......... Je soutiens, je soutiendrai jusqu'à l'extrémité que ce n'est qu'à l'intérêt national, au soulagement du peuple, que la dîme doit être sacrifiée, et non à l'intérêt particulier des propriétaires c'est-à-dire, en général, des classes les plus aisées de la société ».

A moins de vouloir fermer les yeux à l'évidence, il est démontré que le bien public avait seul dicté cette opinion. La révolution ne devait pas, pour les hommes qui savaient la concevoir, favoriser quelques individus aux dépens des autres, elle devait tourner à l'entier avantage de la patrie, et si elle entraînait la ruine des abus, si elle renversait les privilèges de toute espèce, ce n'était pas pour qu'ils devinssent le patrimoine de quelques hommes nouveaux. Certes, si un changement politique n'était qu'un déplacement d'injustices et de vexations, autant vaudrait laisser les choses dans leur premier état. Or, n'était-ce pas se mettre en opposition avec l'équité, avec l'intérêt général, que d'abandonner aux grands propriétaires un revenu de soixante-dix millions ?

Qu'on ne dise pas que Sieyes crut nécessaire de conserver le clergé dans le nouvel ordre de choses. Ceux qui lui attribueraient cette idée, seraient dans une profonde erreur ; il suffit, pour s'en convaincre, de rappeler ce qu'il disait et ce qu'il écrivait à cet égard.

« Le corps du clergé est un des corps politiques dont l'ensemble forme le gouvernement. Mais comme tous les pouvoirs publics, il est soumis à la volonté nationale, à ce que nous appelons le pouvoir constituant, qui peut, sans contredit, le supprimer tout-à-fait, s'il le juge inutile.... Cela n'est pas bien difficile; il suffira d'un acte par lequel il sera décrété que la nation n'a plus besoin, et ne veut plus du clergé ».

Maintenant, sans doute, on est suffisamment persuadé que Sieyes ne prétendit jamais, ainsi que ses ennemis ont cherché et cherchent encore à le faire croire, qu'une nation n'avait point le droit d'abolir le clergé comme tous les autres corps, et qu'il fût nécessaire de le conserver dans une bonne constitution. A cette époque, il allait même plus loin que ses détracteurs.

Quoi qu'il en soit, cette exclamation, qu'il avait fait entendre dans le sein du corps législatif, *ils veulent être libres, ils ne savent pas être justes!* fut recueillie avec empressement et répandue dans toute la France, avec un zèle inspiré par l'envie et la vengeance.

« Ces paroles, écrivait-il en l'an 2, tombèrent dans l'oreille de la passion. La haine, l'esprit de faction, les recueillirent avidement. La mauvaise foi se chargea des commentaires. Sous leurs efforts réunis, ce qu'on appellait *mal-à-propos son influence*, disparut. Il reconnut, dans les défiances manifestées autour de lui, l'ouvrage de la calomnie. Sa détermination assez prompte, fut de négliger les sots propos, de profiter des défiances pour se donner moins de peine, de paraître peu à la tribune à laquelle, d'ailleurs, il ne se sentait pas propre ».

Il est permis à l'homme généreux qui combat pour la liberté de son pays, de manifester son mécontentement contre les méchans qui cherchent, par des calomnies, à refroidir son zèle, à ébranler son courage; mais il les servirait trop bien s'il quittait le poste honorable où il s'est placé, et s'il n'avait pas assez la conscience de ses intentions et de ses moyens, pour mépriser leurs impertinens discours. Nous avons eu occasion de remarquer dans Sieyes une fermeté de caractère trop prononcée, pour craindre qu'il abandonne le cours de ses travaux. Il a pris avec la patrie des engagemens qu'il ne peut rompre. A dater de ce jour, nous le verrons à la vérité moins à la tribune, mais nous le saurons dans les comités, travaillant sans relâche, autant, du moins, qu'il ne rencontrait pas un genre d'obstacles qu'il lui était impossible de combattre ; celui de la *mauvaise foi applaudie*, soutenue par ceux-là mêmes qui avaient le plus d'intérêt à la démasquer.

La conservation du pouvoir royal était arrêtée ; il s'agissait de prononcer sur les droits qu'on accorderait à celui qui en avait l'exercice. Les députés, dont la mauvaise-foi était moins grande, et l'esprit moins rétréci, ceux, sur-tout, qui gémissaient intérieurement que le cours de la révolution fut suspendu, et qu'on n'eût pas, pour prévenir de grands malheurs et de fatales mesures, le courage d'arriver, sur-le-champ, au but marqué par la philosophie, pensaient que les droits qu'on se proposait d'accorder au roi ne sauraient être trop circonscrits. La première question que fit naître ce sujet, ce fut celle de savoir si le pouvoir exécutif aurait part à la législation. De-là, l'examen de la sanction, dite royale, ou le *veto*. On se rappelle, sans peine, que les opinions furent divisées ; les uns, et c'étaient les moins déhontés, voulaient seulement un *veto* suspensif ; les autres, et c'étaient les plus esclaves et les plus corrompus, voulaient un *veto* bien prononcé, bien absolu. Parmi ces derniers on remarquait, pour le dire en passant, un homme aussi célèbre par ses talens que par sa vénalité et ses mœurs dépravées. Déjà il avait trahi la cause nationale, ou plutôt il ne l'avait jamais embrassée que par ambition. Il fut le partisan le plus fougueux de la sanction royale.

On ne cherche pas sans doute dans ces deux rangs la place de Sieyes? Il serait un peu extraordinaire qu'on la trouvât, soit dans l'un, soit dans l'autre. Un esprit ferme et élevé ne peut ni adopter, ni partager des opinions contraires au systéme qu'il s'est formé. Invariablement attaché aux vrais principes, il ne pliera pas son caractère aux circonstances. Sieyes, qui avait analysé les divers pouvoirs de la société, ne pouvait être de l'avis de ceux qui voulaient accorder à un roi, non-seulement le droit de coopérer à la formation de la loi, mais celui, plus absurde encore, de frapper de nullité l'impression de la volonté générale. Il parla sur cette question avec l'énergie d'un homme indépendant; et comme il s'était convaincu qu'il était impossible de couper, pour le moment, le mal dans sa racine, il fit au moins tous ses efforts pour diminuer l'idée imposante qu'on avait encore de la royauté, dans une assemblée nationale.

« Le roi, disait-il, peut être regardé comme un premier citoyen : soit; mais il n'est pas le pouvoir exécutif, il en est seulement le dépositaire et le surveillant commis par la nation.

» Il ne peut, dans une assemblée quelconque, avoir plus de voix que tout autre opinant; si son suffrage pouvait valoir deux volontés dans la formation de la loi, elle pourrait en valoir vingt-cinq millions.

» S'il est dépositaire de toutes les branches du pouvoir exécutif, cela ne dit pas qu'il puisse entrer comme partie intégrante dans la formation de la loi. S'il peut conseiller la loi, il ne doit pas contribuer à la faire.

» Le droit d'empêcher n'est pas différent du droit de faire.

» Qu'arriverait-il, si on met dans la main du pouvoir exécutif le droit d'empêcher ? que le ministère arrêterait l'impression de la volonté de la majorité de l'assemblée, c'est-à-dire *le vœu national*, que rien ne peut arrêter.

» Le ministère royal fera proposer par des députés, et soutenir par un parti, toutes les lois qui lui conviendront, si elles passent tout-à-fait à son gré; si elles sont rejetées, il rejetera à son tour les décisions contraires ; on n'a besoin que de ce premier apperçu, pour sentir qu'un tel pouvoir est énorme, et que celui qui l'exerce est à-peu-près le maître de tout.

...... » J'ignore quelle idée on se forme de la volonté d'une nation, lorsqu'on a l'air de croire qu'elle peut être anéantie par une volonté particulière et arbitraire ; il ne s'agit ici que du *veto* suspensif ; l'autre, il faut le dire, ne mérite pas qu'on le réfute sérieusement.

.... » Je conviens qu'un pouvoir, quel qu'il soit, ne se contient pas toujours dans les limites qui lui sont prescrites par la constitution, et que les corps publics peuvent, ainsi que les particuliers, cesser d'être liés envers les autres.

» Sur cela je remarque à mon tour que l'histoire nous apprend à redouter les attentats du pouvoir exécutif (1) sur le corps législatif;

(1) Jusqu'à présent on n'a encore placé dans aucune constitution le moyen d'empêcher cet attentat. La meilleure que nous connaissions est celle qui laisse la faculté de punir cette invasion du pouvoir exécutif. Il vaudrait

bien plus que ceux du pouvoir législatif sur les dépositaires de l'exécution. Mais, n'importe, l'un et l'autre de ces inconveniens méritent qu'on y apporte remède; et puisque le danger menace également tous les pouvoirs, la défense doit être égale pour tous.

» Je dis donc, que puisqu'il est possible que les pouvoirs publics, quoique séparés avec soin, quoique indépendans les uns des autres dans leur organisation et dans leur prérogative, entreprennent néanmoins l'un sur l'autre, il doit se trouver dans la constitution sociale un moyen de remédier à ce désordre : ce moyen est tout simple. Ce n'est point l'*insurrection*, ce n'est point la *cessation des impôts*, ce n'est pas non plus le *veto*. Tous ces remèdes sont pires que le mal : *c'est le peuple qui en est toujours la véritable victime, et nous devons empêcher le peuple d'être victime*. Le moyen que nous cherchons, consiste à réclamer la délégation extraordinaire du pouvoir constituant. Cette convention est en effet l'unique tribunal où ces sortes de plaintes

---

mieux, pour la prospérité de l'état, qu'il ne pût jamais former cette criminelle entreprise, et qu'elle fût prévenue par une loi fondamentale.

puissent être portées. Cette marche paraît si simple et si naturelle, tant en principe qu'en convenance, que je crois inutile d'insister davantage sur ce véritable moyen d'empêcher qu'aucun des pouvoirs publics n'empiète sur les droits d'un autre ».

Comme on le voit, Sieyes ne pouvait jamais s'écarter de la ligne des principes. Il remontait toujours à la source de tous les pouvoirs. Dans toutes les circonstances possibles, il s'efforçait d'y élever l'assemblée nationale. Aucune magistrature constituée ne devait avoir le droit de s'opposer à l'exécution de la volonté nationale: toutes devaient s'y soumettre; et une convention nommée par le peuple spécialement pour cet objet, pouvait seule prononcer. Il était bien étrange, en effet, qu'on accordât à un homme le droit de décider entre le peuple et ses représentans. Eh bien ! personne à cette époque, ou bien peu de gens au moins, excepté Sieyes, ne s'appercevait de l'absurdité et des dangers de cette idée, et son opinion était traitée, par des hommes très-influens alors, de belle abstraction philosophique.

Sieyes profita de cette occasion pour démontrer à l'assemblée nationale ce qu'il avait prouvé dans ses ouvrages, que le gouvernement représentatif convenait exclusivement à la France, et qu'il fallait éviter et le système démocratique pur, et le système fédératif.

Pour se gouverner démocratiquement, il faut beaucoup de loisirs, et il est indispensable que les lumières soient également réparties entre tous les citoyens; autrement on s'occuperait peu ou point de la chose publique, et rien ne garantirait contre l'ignorance et l'erreur, dont les effets dans ce cas, seraient d'autant plus nuisibles, que les lois lui donneraient une existence réelle.

Pour établir un gouvernement fédéral, il faut en quelque façon démembrer l'état, et créer ensuite une multitude de républiques unies par un lien politique quelconque. La France, disait Sieyes, est et doit-être *un seul tout*, soumis dans toutes ses parties à une législation, et à une administration commune.

Le philosophe n'a pas coutume de détruire, sans avoir auparavant préparé les moyens de réédifier. A la suite de ce discours, Sieyes présenta quelques-unes des parties du plan de constitution qu'il avait conçu. C'était l'application de toutes les vérités qu'il avait publiées. L'assemblée nationale n'a pas cru devoir l'adopter; mais le tems a prouvé quel était son tort, et a vengé le législateur. Dans ce plan se trouvait fixée la durée des assemblées législatives à trois ans, la sortie du tiers des membres tous les ans, la rentrée après un certain intervalle de tems, la convocation d'une convention nationale, etc. etc.

Il était naturel, puisqu'on avait pris le parti de conserver la royauté, qu'un ami inquiet de la liberté sentît qu'il fallait ne négliger aucune précaution pour consolider à jamais l'existence de la représentation nationale. Elle devait être indépendante de toute volonté, et assurée par une loi fondamentale. Il eût été trop imprudent de laisser cette convocation à la libre disposition du pouvoir exécutif, c'eût été le moyen de ne bientôt plus avoir de représentans. Sieyes, dont le plan général se coordonnait à tout ce qui était utile, proposa de déclarer que *l'assemblée législative se tiendrait tous les ans à époque fixe, sans avoir besoin de convocation particulière.* En proclamant ce principe on était certain de déjouer par avance les projets de la tyrannie contre la réunion des assemblées nationales.

Dans la plupart de ses écrits politiques, et

sur-tout dans l'adresse au bailliage, Sieyes avait annoncé, comme nous l'avons dit, qu'une nouvelle division du territoire était indispensable. Cette opération était de la plus haute importance. Elle entraînait après elle la chûte d'une foule de préjugés, de prétentions existantes parmi les provinces ; elle donnait de la France une autre idée à ceux même qui l'habitaient ; elle préparait une heureuse distribution des tribunaux, elle consolidait l'*unité* de l'état, et sur-tout elle servait à établir la représentation sur ses véritables bases. Pour le vulgaire un changement de nom est peu de choses, mais pour le philosophe qui ne réalise rien sans avoir calculé les avantages qui résulteront de ses conceptions, le changement des provinces en départemens, en municipalités, et puis en assemblées primaires, était un grand acheminement vers l'amélioration politique. Déjà, dans un projet pour la municipalité de Paris, Sieyes avait rappelé ses idées sur cet objet. Membre du comité de constitution, il proposa l'adoption de son plan, et il fût accepté celui-là sans *alliage hétérogène*. Quoique le rapport ne fut pas présenté par lui à l'assemblée nationale, il n'était pas possible que les esprits

esprits attentifs ne reconnussent pas dans cette profonde mesure, l'empreinte de son génie. Le tems a sanctionné cet utile systême de division, et on peut le regarder comme d'une grande justesse, puisqu'il est resté intact au milieu de toutes les ruines de ces institutions mitigées et discordantes que le tems a fait disparaître.

On sait qu'en général les rapports sur les questions qui sont ensuite proposées aux assemblées délibérantes, sont discutés, agités et préparés dans les comités ou commissions. Là, chaque membre dit son avis et s'explique peut-être avec plus de franchise vis-à-vis trois ou quatre de ses collègues, qu'en présence d'une réunion de quatre à cinq cents personnes. Sans doute, Sieyes, qui n'a jamais eu d'arrière-pensée, dont les regards n'ont cessé de fixer la liberté, ne craignait pas de s'expliquer devant une assemblée nombreuse. Cependant il est des réflexions qu'on ne veut pas et qu'on ne peut même pas faire publiquement. Voyons-le donc quelques instans isolé dans les comités où il mettait, pour ainsi dire, sa pensée à nud. Il déguisait très-peu ses sentimens dans ces discussions particulières, il se plaignait souvent aux comités même de *leur empirisme*, ainsi que de celui de l'assemblée, il ne craignait pas de leur manifester *les tristes pressentimens* que lui inspiraient ses observations, et que des *sots, ou méchans ou malins, ont voulu prendre après l'évènement, pour indices de complicité.*

Au sujet d'une question très-intéressante, il témoignait à ses collègues sa sollicitude et son impatience pour hâter le grand ouvrage de la constitution.

« Vous avez, leur disait-il, une constitution à faire, et les finances à rétablir. Ne perdons pas de vue un seul instant ce double objet ; bornons-y tous nos efforts. Si la révolution qui s'opère ne ressemble à aucune autre, c'est qu'elle a pour première et véritable cause les progrès de la raison. C'est par la force des principes que nous sommes victorieux....... Cette cause qui agit séparément, il est vrai, mais qui agissant en même-tems dans tous les esprits, se trouve sans concours, sans dessein prémédité, avoir pourtant travaillé dans le même sens, et rallié au moment propice plus de volonté, plus de forces individuelles que ne pourra jamais faire le machiavélisme le mieux entendu ? C'est la raison, oui la raison qui nous a mûris pour la liberté, et qui doit avoir tout l'honneur de la révolution ; lorsqu'il s'agit de l'achever, de la consolider, d'en assurer au peuple tous les avantages, ne devenons point ingrats, gardons-nous de dédaigner la force des principes..........

» Occupons-nous donc de la constitution; hâtons-nous sur-tout, parce que nos ennemis vont employer tous leurs efforts à séduire et à tromper un peuple qui se lasse facilement. Tout délai inutile ne peut que multiplier les chances en leur faveur...... allons tout de suite à notre but. Dans les changemens prodigieux qui se préparent, il n'y aura que trop de malheureux. Ménageons, respectons les personnes, car c'est pour les personnes que les sociétés existent. Les désordres, il faut les réprimer; *les abus, il faut les détruire; le despotisme, l'aristocratie, il faut les anéantir sans retour. Perdons la chose; mais respectons les individus;* car, si l'état social n'a pas pour objet le bonheur des individus, je ne sais plus ce que c'est que l'état social......

» Encore une fois, soyez législateurs; vous redeviendrez assez tôt de simples citoyens pour exercer vos haines, vos mépris, vos vengeances particulières, et au moins vous n'aurez pas à vous reprocher un jour d'avoir détourné, pour satisfaire à des passions privées, le plus grand et le plus respectable de tous les pouvoirs ».

Tel était le langage que Sieyes tenait dans les comités de l'assemblée nationale. Tels étaient les motifs par lesquels il s'efforçait de rappeler à la raison des hommes qui paraissaient vouloir l'abandonner, et oublier leur grand caractère pour s'occuper d'objets particuliers. C'est ainsi qu'il les r'attachait sans cesse au premier principe de la révolution, la philosophie; c'est ainsi qu'il leur montrait le seul but qu'ils devaient être jaloux d'atteindre, la liberté. Ils sont bien fourbes ou bien méchans ceux-là qui osent l'accuser d'in tolérance et de persécution. La persécution et l'intolérance ne sont-elles pas l'abnégation de toute raison, et celui qui avait pour elle un respect aussi sacré, celui qui recommandait avec tant de sollicitude qu'on ménageât les individus, put-il jamais violer les lois de la justice? L'ami sincère de la liberté put-il jamais avoir d'autres sentimens que ceux inspirés par l'humanité? Qu'on ne s'y trompe pas, et qu'on se garde bien de confondre avec l'injustice, une sévérité qui ne paraît rigoureuse que parce qu'on est coupable. Le philosophe-législateur ne fait pas, sans doute, des lois pour le malheur, il le respecte : mais il ne craint pas de frapper le crime et la trahison, et c'est en cela qu'il est juste et humain.

La discussion était alors entamée sur les biens du clergé ; ils offraient une grande ressource pour les finances, et déjà on avait arrêté la vente d'une certaine portion de ces biens. Sieyes ne pouvait pas être étranger à ce qui avait rapport à cette question. Il présenta dès ce moment des vues sur la réforme générale à laquelle cet ordre devait être soumis, et sur la constitution nouvelle qu'on devait lui donner. Toujours généreux et juste, il convenait bien de changer et même de détruire la chose, du moment que cela serait trouvé utile à l'état, mais il s'opposait à ce qu'on exposât au sort le plus rigoureux cent mille individus. Il aurait aussi désiré que l'assemblée eût suivi, sur cet objet, une autre méthode que celle qu'elle avait adoptée; et que tout ce qui y était relatif fût traité dans une discussion suivie. Il fait, à cet égard, une observation générale, qui mérite d'être rappelée, et qui devrait être une règle principale des assemblées législatives. Si on ne l'oubliait jamais, on s'exposerait moins à faire des lois qui ne sont pas toujours d'accord entr'elles.

« Mais une vérité me frappe...... c'est que la méthode que vous avez adoptée de traiter partiellement des questions importantes, vous prive de l'avantage le plus essentiel au législateur, je veux dire la vue de l'ensemble : le détail le mieux su, n'est encore que la moitié de ce que vous avez à connaître ; c'est par leurs rapports mutuels que les détails se lient, se combinent entr'eux, et que, coordonnés à un but, ils forment un système suivi, seul moyen d'éviter l'incohérence et les contradictions, si propres à déshonorer même les meilleures intentions, en outre l'économie du tems est un de nos premiers besoins ».....

Une autre grande question qui tenait de plus près à l'ensemble de l'organisation sociale, et qui devait servir à assurer pour tous les tems la liberté individuelle, fut bientôt entamée. Le comité de constitution fit un rapport sur l'utilité de l'établissement des jurés en matière criminelle. Depuis long-tems cette institution tutélaire avait été l'objet des méditations de Sieyes, et il pensait qu'elle devait entrer non-seulement dans la législation criminelle, mais encore dans la législation civile. Il avait communiqué son plan au comité, et quatre à cinq membres, parmi ceux qui le composaient, s'étaient accordés à adopter ce plan. On avait senti que pour retirer de l'établissement des jurés tous les avantages qu'on avait droit d'en espérer, il fallait que les lois fussent claires et faciles à appliquer. Or, tel n'était pas certainement le code civil de la France. La majorité de l'assemblée nationale, tout en convenant donc que les jurés devaient être établis en matière civile, pensait qu'il fallait attendre, pour réaliser ce projet, que le code fût réformé et établi sur des bases simples et naturelles.

Quand un véritable législateur a saisi une grande idée, et qu'il la regarde comme d'une nécessité première, il en veut sur-le-champ faire l'application, et il a soin de la combiner de telle manière, que les obstacles ne peuvent nuire à son succès. C'est-là ce que pensait Sieyes. Il était persuadé que pour éviter tous les inconvéniens qui se présentaient contre *le jury* il suffisait de lui donner une bonne organisation. Or, son plan atteignait ce but, et il le démontra d'une manière si victorieuse que ceux même qui en redoutaient l'adoption constitutionnelle, ne pouvaient s'empêcher d'en faire l'éloge.

Avant d'établir des jurés, on avait à montrer ce qu'ils seraient, et à détruire l'opinion de ceux qui ne se représentaient cette institution en matière civile, que comme un moyen de substituer aux hommes de lois des citoyens étrangers à ce genre d'étude, souvent même grossiers et ignorans.

« J'entends par jury, disait Sieyes, un corps de citoyens choisis, et appelés de manière qu'il est toujours propre à décider avec connaissance et intégrité, sur toutes les questions qu'il importe de résoudre pour appliquer la loi. Si nous pouvions nous transporter tout-à-coup à l'époque où les lois seront à portée de ceux qui doivent les observer, seront plus en état de les connaître, vous m'accorderiez sans doute, non pas que les jurés seront très-propres à décider les questions judiciaires; mais qu'ils vaudront bien mieux pour cette fonction que les juges eux-mêmes. En effet, placez-vous au moment où un citoyen commettra un délit, soit contre la propriété, soit contre la liberté, c'est-à-dire, au moment où il manque à la loi; n'est il pas clair que les hommes les plus propres à connaître la loi qu'il enfreint en ce moment, sont ses pairs, c'est-à-dire, ceux qui se rapprochent de sa position par une similitude de devoirs et de relations?...... Il faut, relativement aux lois générales, que tout citoyen puisse dire, dans un cas donné : à la place de l'accusé, je ne me serais pas conduit de même; il a mal fait; il est coupable : de même pour des lois qui frappent sur des professions particulières; il faut que ceux qui se trouvent particulièrement appelés à les observer, et par conséquent, à les connaître, puissent dire : à la place de cet homme, j'aurais fait autrement; il a manqué à la loi; il est dans le cas de la peine. Vous sentez, quelque idée qu'on veuille se former d'une loi en particulier, puisqu'elle est destinée à être exécutée, il faut qu'elle soit connue, au moins par ses véritables exécuteurs ou observateurs; c'est-à-dire, par les citoyens que cette loi regarde spécialement; sans quoi l'on pourrait soutenir qu'il n'y a pas d'infraction à la loi, et que les délits dénoncés ne sont pas imputables ».

Sieyes savait, comme tout autre, que la législation civile était obscure, même pour ceux qu'elle concernait le plus; mais il se gardait bien de conclure de cette obscurité, que le jury qu'il proposait ne dût pas être adopté. Ainsi, son avis était qu'il fût, jusqu'à l'époque heureuse d'une législation plus sage et plus uniforme, composé en grande partie d'hommes de loi, auquel seraient adjoints quelques citoyens éclairés. Les uns et les autres n'auraient pu être admis comme jurés que d'après le choix qui en aurait été fait sur la liste dressée par les assemblées électorales. Ce choix était confié au fonctionnaire public chargé de requérir l'exécution des lois auprès des administrations de département.

Il semble qu'il était impossible d'opposer que le jury, d'après l'organisation que Sieyes lui donnait, ne pourrait pas juger les matières difficiles; car c'eût été dire que personne n'avait pu juger auparavant. Le jury, tel qu'il l'avait conçu, paraissait en effet se prêter à tous les besoins, éviter toutes les difficultés, tous les embarras.

« Songez, disait-il, que ce sont les mêmes hommes qui continueront à juger sous le nom de jurés, et qu'il n'est pas possible de marquer autrement le passage de l'ancien au nouvel ordre judiciaire. Remarquez en même-tems que, quoique le service de la loi se fasse par les mêmes hommes, cependant l'avantage de ce changement se fera sentir dès le premier jour.

» Je crois pouvoir dire qu'il reste démontré, pour tout homme raisonnable, que le juré dont j'ai donné l'organisation, n'a rien d'impraticable pour le moment, pas plus au civil qu'au criminel; et j'ajoute, pour ceux qui veulent les jurés au criminel, qu'il est certainement bizarre de craindre les embarras, les difficultés qu'entraînerait l'institution des jurés pour les procès civils. . . . .

..... » S'il est bien vrai que nous soyons unis pour la liberté, nous devons l'être pour *le jury civil* comme pour *le jury criminel* (1) ».

La majorité de l'assemblée n'était déjà plus animée de cet esprit de liberté, qui dispose à accueillir avec empressement tout ce qui peut contribuer à l'établir et à la consolider. Des intérêts particuliers s'étaient ligués contre l'intérêt général; le bien public, malgré les efforts des amis de la nation, ne s'opérait plus que difficilement ou à moitié; et Sieyes

---

(1) On se rappelle sans doute que l'établissement des jurés avait été indiqué au peuple dans le plan de délibérations, au commencement de 1789; Sieyes avait de nouveau développé son plan sur cet objet vers la fin de la même année.

voyait sans doute avec douleur, que le parti qui s'était formé pour corrompre ou suspendre la révolution, était parvenu à s'environner d'un grand nombre de partisans. La proposition de l'établissement des jurés en matière civile, fût rejetée, et ce rejet fut en partie l'ouvrage de quelques-uns de ces légistes à petites conceptions, perdus dans les détails, et qui jamais n'ont pu embrasser, ni produire une grande idée.

Depuis cette époque, Sieyes se condamna quelque-tems au silence; non pas que son zèle ardent pour la prospérité de sa patrie, fut ralenti; mais il voyait la mauvaise-foi s'opposer à ses projets salutaires, et comme il nous l'a dit, c'était pour lui un genre d'obstacle insurmontable. Il est aussi des occasions où l'homme sage croit utile de renfermer ses projets pour un tems moins défavorable, plutôt que de les exposer à être tronqués ou rejettés. C'est sur-tout lorsqu'il découvre que l'on prépare dans l'ombre des moyens de tromper ses efforts généreux, qu'il prend le parti de ne plus élever une voix que l'intrigue s'est disposé à étouffer, et qu'il sait que l'on est résolu de ne plus écouter. Ce parti lui coûte infiniment; mais il s'en console par l'espérance de pouvoir un jour reprendre avec succès les travaux que des intrigans le forcent de ralentir; car leur règne est toujours de peu de durée. C'est probablement ainsi que nous devons expliquer pourquoi Sieyes déserta pendant quelques mois la tribune nationale. Il n'y monta même pas le jour de cette grande discussion du droit de la paix ou de la guerre, jour où il fut provoqué par un orateur qui jouissait d'une grande influence, et qui, en cherchant à lui arracher son opinion, semblait le placer entre la nécessité de s'expliquer on de paraître approuver par son silence le système qu'il adoptait. Sieyes resta immobile, et on parut s'en étonner. Certes, ce n'était pas la provocation d'un homme vendu à la tyrannie qui pouvait lui faire abandonner sa ferme résolution.

On a vu plus d'une fois qu'une grande assemblée peut se laisser tromper par un petit nombre d'hommes adroits ou audacieux, et obéir à l'impulsion qu'ils ont l'art funeste de lui donner. Alors, les membres qui la composent, pris individuellement, ne sont plus les maîtres de leur propre opinion; ils sont irrésistiblement entraînés, et quoiqu'ils semblent seconder les méchans dans leurs complots, on ne peut pas dire néanmoins qu'ils les partagent. Ceci peu paraître un paradoxe; mais c'est une vérité. Voilà pourquoi il arrive toujours une époque où cette assemblée renverse les factieux qu'elle avait paru servir, et où elle reprend, au moins pour quelques instans, le grand caractère de justice et d'impartialité qui devrait toujours la distinguer. Si elle perdait quelquefois ce caractère, l'assemblée nationale quelquefois aussi s'empressait de le reprendre. Le silence qu'avait gardé Sieyes, et les manœuvres de ses ennemis, n'avaient pu faire perdre le souvenir des services signalés qu'il avait rendus à la patrie. Ses collègues n'avaient point oublié que c'était à lui à qui on était redevable de cette véritable représentation nationale, qui, sans son courage peut-être, serait restée ensevelie dans le néant, ou serait devenue la proie des fureurs de la tyrannie. Il fut donc honoré de la présidence, et il reçut cette marque de reconnaissance à une époque qui devait lui être chère, puisqu'elle lui rappelait ce mémorable 17 juin, arrivé un an auparavant. En vain il voulut se défendre d'accepter cette honorable distinction, à cause de la faiblesse de sa santé; par une contrainte bien flatteuse, il fut obligé de se rendre au vœu de la majorité. On sait qu'il était d'usage alors de prononcer un discours, qui n'était le plus souvent qu'une simple formule de cérémonie. Sieyes s'écarta de la route commune, et il crut devoir profiter de cette circonstance pour communiquer à l'assemblée ses craintes et ses alarmes ; ceux qui cherchaient à l'arrêter dans son travail, ou à le forcer de rétrograder, purent apprendre que Sieyes avait découvert leurs coupables intentions. Il ne les signalait pas directement, mais il était facile de les reconnaître.

« L'honneur de présider l'assemblée nationale est dans un état libre la plus grande distinction qui puisse décorer la vie d'un simple citoyen. Ce titre de gloire, vous l'avez voulu donner à tous les membres de votre comité de constitution. Satisfaite des bases de l'édifice social qu'il vous a présentées, vous avez voulu, par ce témoignage éclatant de votre estime, montrer aux yeux de la France le plus digne prix qu'il soit en vous de décerner aux longs et pénibles travaux dont vous avez recueilli les fruits.......... Vous ne voyez dans ce langage ni un puéril amour-propre, ni une vaine ambition de gloire, mais bien l'expression forte et spontanée d'une ame livrée toute entière, et dans tous les tems, à l'amour *de la liberté, de l'égalité*, tourmentée de toute espèce de servitude et d'injustice, dont les premières pensées ont été pour une constitution libre, dont *les dernières pensées seront encore pour elle*, pour tout ce qui touche au bien public, devient à l'instant l'objet de ses études, de ses méditations; et pourquoi ne dirai-je pas d'une véritable passion, puisqu'il n'est que trop aisé de reconnaître ce caractère, soit en sentiment mêlé de bonheur et de crainte, avec lequel je suis tous les progrès de la constitution *qui a tant encore à acquérir, soit à l'affliction profonde qu'il m'est impossible de cacher, même au milieu de vous, lorsque cette constitution, si heureusement commencée, ou s'arrête dans sa marche avec tant de raison de se hâter, ou quelquefois même me semble reculer* ».

L'ame de Sieyes s'épanchait toute entière dans ce discours : jamais, comme on le voit, il ne parlait de la liberté qu'avec enthousiasme; il tardait à ses desirs brûlans que l'ouvrage de la régénération sociale s'accomplît au plutôt, et que le bonheur public s'élevât sur les bases d'une sage constitution. C'était-là l'objet continuel de toutes ses pensées, de toutes

toutes ses inquiétudes, de toutes ses craintes. Un tel discours était un engagement solemnel pour l'avenir; il fut déposé dans le sein de la patrie; et on ne doit pas craindre de l'assurer, il ne sera jamais rompu.

Il n'est rien dont les hommes ne puissent abuser. Leurs droits mêmes ne sont pas à l'abri de leurs passions, et il semble que plus un objet doit leur être sacré, plus ils sont disposés par un penchant funeste à y porter atteinte. C'est ainsi qu'ils parviennent à corrompre les meilleures institutions, et à les tourner quelquefois contre eux-mêmes. La liberté de parler et d'écrire est exposée, surtout, à ces inconvéniens. Cela arrive toutes les fois que des esprits ardens, égarés et mal-intentionnés, usent de cette liberté pour calomnier des citoyens irréprochables, pour ébranler ou détruire la confiance publique, pour inspirer le mépris des lois, pour irriter les nations avec lesquelles nous sommes unis par des alliances et des traités avantageux; et enfin, pour jeter dans toute la société le trouble et la division. Ce n'est pas de cette manière, sans doute, que la liberté veut qu'on la serve, et on ne contestera pas, à moins d'y être intéressé, qu'un pareil égarement ne soit nuisible à la chose publique. Il importe au législateur d'en arrêter les suites, et de tirer entre le droit et l'abus de la chose, une ligne de démarcation si exacte, que la liberté reste toute entière, et qu'il soit impossible que l'abus existe. C'est-là le point le plus difficile ; car, depuis long-tems, on l'a cherché, et il paraît qu'on ne l'a pas encore trouvé.

Qu'il nous soit permis de remarquer ici que ce qui a peut-être davantage contribué à empêcher jusqu'à présent de rendre une loi sage relativement aux abus de la presse, c'est que presque toujours on ne s'est occupé de cette discussion qu'après des révolutions ou de grands évènemens. Ces attentats contre la liberté sociale sont ordinairement commis ou par la tyrannie ou par la licence; si c'est par la tyrannie, les républicains irrités, indignés de l'offense faite au corps politique, et persuadés que la défense des droits du citoyen est toute entière dans la pleine liberté de la presse, ne pensent pas qu'elle ait trop de toute sa force pour combattre et résister, et alors ils se refusent à poser des limites même à ces abus, dans la crainte de l'affaiblir; en cela ils ont quelque raison : si c'est, au contraire, la licence qui ait outragé la liberté, ceux qui en triomphent sont d'un avis contraire, et ils croient que puisqu'il est possible d'abuser si facilement du droit de publier sa pensée, on ne saurait la resserrer dans des bornes trop étroites, et alors ils prennent des moyens si violens de réprimer les inconvéniens qui se présentent, que la liberté de penser et d'écrire se trouve elle-même compromise : par cette manière d'agir, le droit auquel il faut toujours, oui toujours se garder de toucher, cesse d'être respecté, et c'est un très-grand malheur. C'est donc ainsi, qu'entraînée par l'impétuosité des circonstances, obéissant aveuglément à l'esprit de parti, tous se sont trompés ; c'est donc ainsi qu'en ne voulant pas attendre le moment où les passions sont calmées, on s'expose à doter toute une nation d'une foule de lois qui sont bientôt reconnues ou pour mauvaises, ou pour insuffisantes. C'est donc l'époque où la raison a repris tout son empire, que l'on doit attendre pour s'occuper d'une loi qui corrige ou plutôt qui prévienne les abus qui peuvent naître de la liberté de la presse. D'ailleurs, n'oublions jamais que lorsqu'on s'occupe de cet objet important, il faut se garder sur-tout de vouloir établir une loi pour autoriser ou accorder la liberté de communiquer ses pensées, car ce n'est pas en vertu d'une loi que les citoyens pensent, écrivent, mais en vertu de leurs droits naturels.

Cette matière est trop étroitement lié au méchanisme social, pour ne point avoir occupée Sieyes. Nous allons voir comment il l'a traité dans le préambule d'un décret qu'il fut chargé de présenter à l'assemblée nationale. S'il en est encore nécessaire, nous nous convaincrons de nouveau, de quel saint respect il était pénétré pour la liberté de penser et d'écrire, et en nous retraçant ce qu'il disait alors aux représentans de la nation française, nous pourrons facilement présumer quelle est encore aujourd'hui son opinion. Les hommes qui n'adoptent les principes qu'après les avoir examinés sous toutes les faces, y sont inviolablement attachés, et il est rare qu'ils les abandonnent.

D'abord, Sieyes pensait que l'on s'exprimait mal lorsqu'on demandait une loi pour accorder ou autoriser la liberté de la presse. Ce n'est pas, « disait-il, en vertu d'une loi » que les citoyens pensent, parlent, écrivent » et publient leurs pensées, c'est en vertu de » leurs droits naturels ; droits que les hommes

» ont apporté dans l'association, et pour le
» maintien desquels ils ont établi la loi elle-
» même et tous les moyens publics qui la
» servent ».

Il convenait que l'état social avait donné naissance à l'imprimerie, mais il ne la regardait pas pour cela comme un don de la loi; et c'était avec autant de raison que d'énergie qu'il assurait « que la loi n'était pas un maître
» qui accordait gratuitement ses bienfaits,
» que la liberté embrassait tout ce qui n'est
» pas à autrui, et que la loi n'était là que
» pour empêcher qu'elle ne s'égarât. Il re-
» gardait la loi seulement comme une insti-
» tution protectrice formée par cette même
» liberté antérieure à tout, et pour laquelle
» tout existe dans l'ordre social ».

Mais cette institution protectrice qui dérive de la liberté, doit s'acquitter envers elle de l'existence qu'elle en a reçue. C'est en réprimant les atteintes qui peuvent être portées à la liberté du citoyen que la loi parvient à son but. Elle doit donc, ajoutait Sieyes, « mar-
» quer dans les actions naturellement libres
» de chaque individu, le point au-delà du-
» quel elles deviendraient nuisibles aux droits
» d'autrui; là elle doit placer des signaux,

» poser des bornes, défendre de les passer,
» et punir le téméraire qui oserait désobéir.
» Telles sont les fonctions propres et tuté-
» laires de la loi ».

De ces observations générales il était naturel de conclure que la liberté de la presse, comme toutes les libertés, devoit avoir ses limites.

Une erreur qui avait de nombreux partisans, et qui, peut-être, en compte encore beaucoup, était alors répandue. On s'imaginait qu'en balançant les avantages et les inconvéniens de la liberté de la presse, on pourrait trouver la juste démarcation entre ce qui pourrait être toléré et ce qui pourrait être défendu. Sieyes ne croyait pas que ce fut ainsi que les législateurs dussent se conduire : il avait une plus grande idée du système qu'il leur importait d'adopter, non-seulement dans cette circonstance, mais dans toute leur conduite. O! vous qui êtes chargés des augustes fonctions législatives, lisez attentivement.

« Le véritable rôle d'un législateur n'est pas de négocier comme un conciliateur habile; le législateur, toujours placé devant les principes, au lieu d'écouter une politique adresse, doit être sévère et immuable comme la justice. Ainsi, il ne s'amusera pas à comparer le bien et le mal, pour compenser l'un par l'autre dans une loi de pure considération. Si on lui demande, non de favoriser, mais de limiter l'exercice d'une liberté quelconque, il saura que le mal seul est de son ressort! que, n'y eut-il même aucun avantage public résultant de cette liberté, il suffit qu'elle n'ait rien de nuisible pour qu'il doive la respecter; et qu'en ce genre, en un mot, l'indifférent est sacré pour lui comme l'utile.

La liberté de la presse doit donc être inviolable pour le législateur. Il ne peut en gêner ni en suspendre l'action que dans un cas; celui de faire justice à tout le monde. Voilà sa règle. Ainsi, comme il est de l'intérêt de tous les citoyens que les lois soient exécutés, que la constitution qu'ils ont adoptée soit respectée, que les magistrats de la république ne soient point calomniés, que les propriétés ne soient point violées, que l'ordre public ne soit point troublé, il faut que les écrivains coupables qui se livrent à ces dangereux excès et qui prêchent le désordre, trouvent dans une loi expresse et formelle, un frein à leur fureur de nuire. On sait qu'ils crieront, dans ce cas, à la violation des principes;

laissez-les faire, eh ! les brigands ne crient-ils pas aussi que la justice qui punit leurs crimes est un acte arbitraire. Si on voulait croire tous ces misérables, il n'y aurait plus ni liberté, ni république, et la seule ressource qui resterait au peuple, bientôt serait de se jeter humblement dans les bras du despotisme.

Nous ne suivrons pas Sieyes dans les divisions de son travail; nous dirons seulement qu'on y trouve des détails précieux sur la nature et le caractère des délits de la presse, sur la graduation de ces délits, sur les peines qui doivent être appliquées à chacun d'eux, et sur les personnes qui doivent en être responsables.

Il appartenait à celui dont l'imprimerie avait propagé les principes, qui savait mieux que personne que sans elle, toutes les connaissances qui doivent contribuer au bonheur des hommes n'auraient été que le partage de quelques individus, de présenter les avantages qu'il avait produit, soit dans ses rapports avec le citoyen, soit dans ses rapports avec l'état. On aime à entendre Sieyes faire sentir tout le prix de cette utile et importante découverte, et lui payer, dans un style ferme et éloquent, le tribut de sa reconnaissance.

« Voyez les effets de la presse : cette cause se change en une source féconde de prospérité nationale ; elle devient la sentinelle et la véritable sauve-garde de la liberté publique ; c'est bien la faute des gouvernemens, s'ils n'ont pas su, s'ils n'ont pas voulu en tirer tout le fruit qu'elle leur promettait. Voulez-vous réformer des abus? Elle vous préparera les voies, balaiera, pour ainsi dire, cette foule d'obstacles que l'ignorance, l'intérêt personnel, la mauvaise foi s'efforcent d'élever sur votre route. Au flambeau de l'opinion publique, tous les ennemis de la nation et de l'égalité, qui doivent l'être aussi des lumières, se hâtent de retirer leurs honteux desseins. Avez-vous besoin d'une bonne institution ? Laissez la presse vous servir de précurseur, laissez les écrits des citoyens éclairés disposer les esprits à sentir le besoin du bien que vous voulez leur faire, et, qu'on y fasse attention, c'est ainsi qu'on prépare les bonnes lois ; c'est ainsi qu'elles produisent tout leur effet, et que l'on épargne aux hommes, qui hélas ! ne jouissent jamais trop tôt, le long apprentissage des siècles (1).

---

(1) C'est-là le voeu que doit former l'ami sincère de

» L'imprimerie a changé le sort de l'Europe, elle *changera la face du monde*; je la considère comme une nouvelle faculté ajoutée aux plus belles facultés de l'homme; par elle la liberté cesse d'être resserrée dans de petites aggrégations républicaines, elle se répand sur les royaumes, sur les empires; l'imprimerie est pour l'immensité de l'espace ce qu'était la voix de l'orateur sur la place publique d'Athène et de Rome; par elle la pensée de l'homme de génie se porte à-la-fois dans tous les lieux, elle frappe, pour ainsi dire, l'oreille de l'espèce humaine entière. Par-tout le désir secret de la liberté, qui jamais ne s'éteint entièrement dans le cœur de l'homme, la recueille cette pensée avec amour, et l'embrasse quelquefois avec fureur (1); elle se mêle, elle se confond dans

---

l'humanité. Oh! comme il serait sublime, ce spectacle qui présenterait tous les hommes assez éclairés pour jouir sans trouble, du bonheur de l'association! Comme il serait ravissant, qu'il serait beau le jour où il n'y aurait plus sur la terre ni tyrans ni esclaves!

(1) Ce langage est-il celui d'un homme froid et glacé? quelle chaleur! quel enthousiasme! quel amour de la liberté! Ce ne sont pas là des discours factices, c'est le sentiment d'une ame profondément émue.

tous ses sentimens : et que ne peut pas un tel mobile agissant à-la-fois sur des millions d'ames ? Les philosophes et les publicistes de tous les tems se sont trop hâtés de nous décourager, en prononçant que la liberté ne pouvait appartenir qu'à de petits peuples. Ils n'ont su lire l'avenir que dans le passé, et lorsqu'une nouvelle cause de perfectibilité jetée sur la terre, leur présageait des changemens prodigieux parmi les hommes, ce n'est jamais que dans ce qui a été qu'ils ont voulu regarder ce qui pouvait être, ce qui devait être. Élevons-nous à de plus hautes espérances. Sachons que le territoire le plus vaste, que la plus nombreuse population, que tout se prête à la liberté : pourquoi, en effet, un instrument qui saura mettre le genre humain en communauté d'opinion, l'émouvoir et l'animer d'un même sentiment, l'unir du lien d'une constitution vraiment sociale, ne serait-il pas appelé à aggrandir infiniment le domaine de la liberté, et à prêter un jour à la nature même des moyens plus sûrs de remplir son dessein véritable ? Car sans doute, la nature entend que tous les hommes soient libres et heureux ».

Si ce tableau frappant des bienfaits de l'imprimerie ou de la liberté de la presse était sans cesse exposé à nos regards, quel est le téméraire qui oserait abuser, par des écrits calomnieux ou incendiaires, du plus beau des droits, celui de propager les lumières et les connaissances humaines ? et quel est l'audacieux qui pourrait, par des règlemens arbitraires, en suspendre ou en gêner l'exercice ?

Le moment était arrivé de mettre en mouvement un des principaux rouages de la nouvelle machine politique. La nation allait être administrée par des hommes de son choix. Les administrations départementales s'organisaient. L'assemblée électorale de Paris était composée d'hommes qui savaient que la volonté du peuple était que l'on récompensât ceux qui l'avaient servi de leurs talens, de leur courage, et de tous leurs moyens. Sieyes fut donc élu membre du département. Après avoir coopéré à la formation de la loi, il fut chargé de contribuer à son exécution.

Le tableau des opérations utiles qu'on peut attribuer à Sieyes dans cette place serait très-étendu. Nous nous bornerons à indiquer les objets dont il a dû s'occuper, car quoique les travaux de l'administration fussent partagés entre les divers membres ses collègues, il en est cependant qui doivent lui appartenir exclusivement.

Il était impossible qu'au milieu du renversement de toutes les institutions monarchiques, du froissement d'une multitude d'intérêts divers, du déplacement d'une foule d'hommes assez stupides encore pour regarder leurs fonctions comme un héritage, les esprits pussent jouir d'une tranquillité parfaite. Dans ces momens de trouble, de fermentation, l'art d'administrer rencontre des difficultés imprévues. Il faut alors montrer, d'une part, une sage modération, et de l'autre, développer une grande énergie. On doit chercher à faire aimer les lois nouvelles par la douceur; mais il faut les faire respecter par une conduite inflexible.

Une des causes qui avait servi davantage à agiter les esprits, c'était la constitution civile du clergé. Des voies de fait avaient eu lieu à la porte de divers temples; il était urgent d'arrêter ces désordres, et de déjouer les projets des ennemis de la tranquillité publique. Sieyes présenta un projet d'arrêté au directoire du département de Paris. Il fut adopté et publié.

On pouvait le regarder comme un modèle de sagesse et de tolérance. Cependant bientôt cet arrêté fut attaqué dans le sein de l'assemblée nationale. On croyait y trouver matière à reprocher au département d'avoir voulu empiéter sur le pouvoir législatif. Le comité de constitution fut chargé de faire un rapport à cet égard. Sieyes, qui n'ignorait pas que cette attaque était dirigée par ses ennemis, et par des membres du comité ecclésiastique, qui avaient quelques vengeances à exercer, défendit le département et son ouvrage avec une dignité sévère. Le prétendu grief qui avait le plus alimenté le ressentiment de ses adversaires, était celui d'indépendance qu'ils prétendaient que les départemens s'arrogeraient à l'exemple de celui de Paris. Sieyes combattit cette assertion, la détruisit complettement, et démontra victorieusement que le département n'avait pas outre-passé ses pouvoirs. Il saisit cette occasion pour découvrir la tactique que suivaient ceux qui voulaient retarder les progrès de la révolution, en calomniant les hommes qui l'avaient commencé et qui voulaient l'achever. A toutes les époques, ces gens-là ont toujours été fidèles au même système.

« Nous sommes témoins, disait-il, que tous les partis se servent successivement, et avec toute l'habileté possible, de l'accusation de vouloir établir le gouvernement fédératif, comme d'un expédient très-propre *à jeter de la défaveur sur les opinions et les personnes qu'on a besoin de décrier* ».

C'est bien-là expliquer en peu de mots la théorie de ces êtres abominables, qui tantôt sous un masque, tantôt sous un autre, attaquent les premiers et les plus zélés défenseurs de la liberté, pour en renverser ensuite plus facilement l'édifice. Dans un tems on les accuse de vouloir établir le fédéralisme ; dans un autre, de chercher à relever la monarchie, et puis encore, de travailler à ramener le régime affreux de la terreur. Qui ne voit que tout cela est calculé par les ennemis de notre révolution, pour briser les liens de confiance qui doivent unir tous les républicains, et parvenir à les égorger les uns après les autres? Voilà le systême qu'ils suivent invariablement depuis dix ans. Comment arrive-t-il donc que la ligue impie que les méchans forment entr'eux, soit plus indissoluble, que l'accord qui devrait toujours régner entre les amis de la patrie?

Ce n'était pas assez pour Sieyes de signaler quelques individus ; il fallait montrer dans toute leur horreur les deux factions qui se préparaient à s'opposer à l'établissement du nouvel ordre social, il le pouvait, sans sortir du sujet de sa défense, puisque c'était par elles qu'il était attaqué.

« Gardez-vous, s'écriait-il, de ralentir l'action publique ; eh ! ne voyez-vous pas qu'il existe deux partis, qui, pour arriver, l'un à la dictature, l'autre à l'anarchie, voudraient rendre l'administration impossible ? Ne discernez-vous pas d'où viennent toutes les calomnies dont on cherche à couvrir toutes les autorités ? Quels sont les hommes qui, sous le voile, ou du mécontentement ou du patriotisme, osent ériger en principes qu'il ne faut cesser de décrier tous les corps dont la surveillance attentive peut seule garantir la sûreté générale ? Quels hommes que ceux qui semblent ne travailler qu'à provoquer la jalousie des commettans contre leurs délégués, à inspirer enfin au peuple une telle défiance, qu'il en vienne, dans l'excès de son égarement, jusqu'à prendre ses défenseurs pour ses assassins, et ses assassins pour ses défenseurs ».

N'est-ce pas là le fil le plus sûr pour guider encore

encore aujourd'hui quiconque veut parcourir le labyrinthe des factions? Ne parvient-on pas, à l'aide de ces observations, à suivre les chefs de parti dans leurs plus sombres détours? et leur hideuse physionomie n'était-elle pas dès-lors si fidèlement tracée, qu'on ne les reconnaisse encore aujourd'hui au premier coup-d'œil?

Lorsqu'on organise un grand état sur une nouvelle forme, il est nécessaire que les agens chargés de faire mouvoir toutes les parties de cette organisation, aient une force suffisante, non-seulement pour qu'elles agissent ensemble; mais encore, pour qu'elles ne soient point arrêtées par des obstacles inséparables des circonstances. Sans cette précaution, toute action serait suspendue, la machine peut-être se briserait, et l'anarchie exercerait ses ravages. Voilà pourquoi Sieyes engageait l'assemblée nationale à échauffer l'ardeur des administrateurs, loin de chercher à réfroidir ou à éteindre leur énergie. On trouve encore dans ce passage des leçons pour tous les tems.

« Au lieu de réprimer les prétendues hardiesses des mandataires publics, exigez, au contraire, commandez la plus grande activité pour l'exécution de vos lois ; commandez aux corps administratifs de ne point répugner aux mesures fortes et vigoureuses ; qu'ils soient plutôt courageux que timides ; et lorsque l'ordre public troublé en fait un devoir, lorsque toutes les parties de l'établissement politique sont au moment de se désorganiser, ne trouvez pas mauvais qu'ils prennent avec promptitude des mesures provisoires pour sauver la chose publique, en attendant que la main du législateur ait définitivement réglé toutes les parties de l'ordre social ».

Dans cette occasion, Sieyes triompha des efforts de ses ennemis, et l'assemblée nationale reconnut solemnellement la sagesse des mesures qui avaient été prises d'après son avis, pour assurer la tranquillité publique et maintenir la liberté des cultes. Il sut tirer un heureux parti de la discussion auquel ces mesures donnèrent lieu, en rappelant des principes qu'on paraissait oublier, et en dévoilant les projets des ennemis de la liberté. Trop heureux si ces avis eussent toujours pu prévaloir, et si on eût toujours voulu recevoir les services signalés qu'il présentait pour sauver la chose publique; mais le règne des meneurs s'établissait de plus en plus, et par une conduite inexplicable, les grandes assemblées semblent toujours plus disposées à suivre les ennemis de la chose publique, qu'à écouter les hommes de bien, et les amis sincères, les amis constans de la liberté et de l'égalité. Cela serait désespérant, si les évènemens passés ne nous avaient pas suffisamment appris que tous ces vils machinateurs, qui ont considéré la révolution comme leur propriété, et la patrie comme un vaste champ livré à leur brigandage, sont rentrés dans le néant, ou ont trouvé le juste châtiment de leurs crimes. Le tems déchire le voile dont ils couvrent leurs manœuvres, et il ne leur reste de toutes leurs basses intrigues, de tous leurs criminels complots, que la mort ou l'infamie.

Le citoyen qui s'est rendu digne de la confiance nationale, ne cesse d'être l'objet sur qui s'arrêtent les divers choix du peuple. Les électeurs de Paris étaient sur le point de nommer à l'évêché du département de la Seine, ainsi que le prescrivait la nouvelle constitution du clergé. Sieyes fut informé que leurs suffrages se réuniraient en sa faveur. Il savait sans doute apprécier la différence qui existait entre cette nomination, et celle que faisait jadis une cour corrompue, mais son goût personnel le portait impérieusement à préférer les fonctions législatives et administratives, aux fonctions épiscopales; et d'ailleurs, quoique constitutionnelle, cette place ne pouvait guère convenir au vainqueur des préjugés. Tels furent les sentimens qu'il exprimait en informant le président de l'assemblée électorale qu'il ne pourrait accepter.

Lorsque l'assemblée nationale constituante eut clos ses séances, Sieyes crut devoir donner sa démission d'administrateur du département. Il pensait probablement qu'il ne pouvait plus être utile dans cette place; et aussitôt il se retira à la campagne, à une petite lieue de Paris.

C'est donc à cette époque que nous devons terminer l'histoire intéressante des travaux à jamais mémorables de Sieyes, à l'assemblée constituante. Dans le court espace de deux ans, depuis 1789 jusqu'en 1791, quel chemin immense nous avons parcouru en le suivant dans toutes ses opérations! que d'évènemens nous avons vu s'écouler et s'accumuler les uns sur les autres! que de combats, que de victoires dont nous avons été témoins! que de triomphes! quelle grandeur d'ame! quel courage inébranlable! quel spectacle sublime s'est souvent présenté à nos regards, et a réveillé dans nos ames des sentimens élevés et des souvenirs précieux !

La distinction des ordres signalée à toute la nation comme une monstruosité politique, les priviléges attaqués, abattus, une route nouvelle hardiment ouverte à travers mille dangers, une assemblée nationale s'élevant majestueusement sur les ruines des états-généraux, les principes de la philosophie réalisés, le secret de ses droits révélés au peuple, la liberté solemnellement reconnue et proclamée, la régénération sociale entreprise avec courage, un systême général d'améliorations conçu, et sinon achevé, au moins tout disposé pour la perfection, les premières bases du gouvernement représentatif établies, la tyrannie prévenue dans ses manœuvres, condamnée à l'impuissance, et forcée de courber la tête devant cette même représentation qu'elle voulait immoler, une division nouvelle du territoire, exécutée presqu'aussitôt que proposée, des efforts constans et généreux pour le maintien des vrais principes, une haîne implacable de l'injustice et des factions, un amour ardent de l'équité, le desir toujours renaissant du bonheur public, un attachement inviolable aux intérêts du peuple, une sollicitude toujours nouvelle pour tout ce qui avait rapport à ce grand objet; voilà l'esquisse rapide des opérations de Sieyes; voilà ce que l'on est forcé d'admirer dans la conduite du philosophe législateur pendant la session de l'assemblée nationale; voilà les travaux dont il a marqué la carrière qu'il a parcouru : voilà les actes éclatans par lesquels il a su répondre à la confiance qu'il avait inspirée à vingt-cinq millions d'hommes; voilà comme il a su mettre en pratique la théorie qu'il avait développée dans ses ouvrages. Voilà enfin, comme il a rempli ses promesses, et comblé les premières espérances de tous les vrais amis de la liberté et de la patrie.

Les malveillans ne manqueront pas, sans doute, de nous attaquer et de nous accuser de flagornerie : nous n'en serons point étonnés; tout ce qui peut être utile à la république, tout ce qui peut consolider sa durée, tout ce qui peut faire aimer le gouvernement représentatif, et ranimer la confiance générale, a droit à la haîne et à la fureur de ces hommes méprisables. Nous les prévenons que les coups qu'ils voudront nous porter ne pourront nous atteindre. Qu'on ne pense pas cependant, que nous voulions attribuer la révolution et ses progrès au génie d'un seul homme. Loin de nous cette basse flatterie ; ce serait celle des esclaves, et il en serait indigné. Non, la révolution n'est à personne : elle appartient à la raison, elle appartient à la philosophie, elle appartient à la nation toute entière, et voilà pourquoi nous sommes tous solidaires des événemens qui se sont écoulés, et qui se développeront dans la suite. Malheur à celui ou à ceux qui chercheraient à regarder cette révolution comme leur domaine propre, malheur à eux s'ils pouvaient oublier les leçons du passé, et s'ils voulaient s'arroger une puissance qui appartient et qui ne peut appartenir qu'au peuple ! Qu'ils regardent un instant en arrière, tous ces ambitieux en délire, tous ces partisans forcenés du despotisme, et qu'en voyant le sort de tous les usurpateurs qui les ont précédés, et de tous les ennemis de l'égalité, ils soient enfin convaincus, pour toujours, que la volonté nationale est irrévocablement prononcée, et que le peuple français ne souffrira jamais, non jamais, le rétablissement d'aucune tyrannie.

Nous avons dit, qu'après la clôture des séances de l'assemblée constituante, et qu'après sa démission de membre du département de Paris, Sieyes se retira à une campagne peu distante de cette ville. Il fréquentait alors diverses maisons ; mais dès qu'il crut s'appercevoir que l'esprit de corruption que la cour avait eu l'art funeste de faire circuler jusque dans la garde nationale, s'était introduit dans les sociétés où il s'était jusqu'alors trouvé, il les abandonna sur-le-champ.

Renfermé en lui-même, éloigné du tumulte, Sieyes avait le loisir d'observer. C'était principalement, sans doute, sur le château des Tuileries que se fixaient ses observations. Il cherchait à en suivre tous les mouvemens et à pénétrer les manœuvres qui s'y préparaient. Il ne lui fut pas difficile, par tout ce qui se passait, de juger qu'un plan de conspiration royale était ourdi par une cour perfide et criminelle. Dans ce moment, il n'avait d'autre moyen d'être utile, que de faire part de ses remarques, de ses craintes et de ses conseils. Il n'avait que de simples relations de société avec dix à douze députés tout au plus ; il leur communiqua son avis sur la certitude de la conspiration, sur les moyens d'y remédier et d'en arrêter les progrès ; mais il ignorait entièrement ce qui se passait entre les patriotes ardens de la capitale, qui avaient conçu le projet de se défendre contre les attaques sacriléges de la tyrannie. D'après la direction que prenait l'opinion publique, il était facile de juger que le combat ne tarderait pas à se livrer, et les plus chères espérances de Sieyes étaient que la victoire se décidât pour les patriotes, et qu'elle couronnât leur généreux dévouement et leur intrépide courage. Le 10 août arriva, et ses vœux furent comblés, le trône qu'il avait ébranlé fut renversé pour jamais. Il était alors éloigné de Paris, il reçut cette nouvelle comme un ancien ami de la liberté devait la recevoir. Il écrivit aussitôt: *Si l'insurrection du 14 juillet a été la révolution des Français, celle du 10 août sera celle des patriotes.*

En étudiant les hommes, il avait appris que dans les révolutions, il se rencontre presque toujours quelques ambitieux qui cherchent à s'emparer du résultat d'un grand évènement. Voilà pourquoi il écrivait en même-tems : *Mais le Corps législatif s'est-il emparé de cette journée, et va-t-il la diriger sans partage, en attendant la nouvelle Convention?*

Cette réflexion était, hélas ! un funeste pressentiment de ce qui arriva bientôt après. Le Corps législatif ne se maintint pas à la hauteur où il s'était élevé, il perdit de son énergie, il *n'osa saisir les rênes du gouvernement,* et il marqua sa faiblesse par la plus déshonorante des lâchetés. Des monstres usurpèrent, pendant quelques jours, l'autorité légitime, et au sein de la première ville du monde, sous les yeux même des représentans, ils transportèrent toute la férocité, toute la barbarie des cannibales ; il semblait que la coalition des tyrans avait formé l'horrible projet de se venger de la chûte de la royauté, par d'épouvantables forfaits.

Autant le 10 août avait ranimé dans l'ame de Sieyes les idées de salut public, autant ces nouvelles journées durent affaiblir ses espérances et affliger son humanité. Cependant, rien ne lui paraissait perdu, et il pensait que la convention pourrait tout réparer par des travaux dignes du peuple français.

Mais celui qui, le premier, avait parlé de Convention nationale, celui qui, le premier en avait donné l'idée, celui qui, malgré sa retraite, ne pouvait dérober au souvenir de toute la France ses éclatans services, devait être plus que jamais, après l'abolition de la monarchie, l'objet des suffrages de la nation. Aussi, à l'instant où il s'occupait de se choisir une nouvelle retraite pour l'hiver, il apprit qu'il était nommé à la Convention par trois départemens. Il est inutile de remarquer qu'il n'avait, dans aucun, de connaissance personnelle ; sa réputation était par-tout, et c'était assez. Aucun poste ne pouvait mieux convenir à son goût dominant de servir sa patrie; il accepta, et il arriva à Paris, et à la Convention le 21 septembre 1792.

Une Convention nationale, comme Sieyes l'avait conçue, devait être composée d'hommes éclairés, probes, honnêtes, purs dans leurs mœurs, sages dans leur conduite, et brûlans d'amour pour la patrie et la liberté. Il s'était représenté, sans doute, cette auguste assemblée, comme une réunion de législateurs habiles, animés du même esprit, des mêmes sentimens, et tous jaloux de travailler de concert au bonheur du peuple. La majorité de la Convention était ainsi composée; mais à côté de cette honnête majorité, il se trouvait des hommes profondément corrompus, des hommes pétris de vices, dévorés d'ambition, et altérés déjà du sang de leurs collègues. Sieyes frémit « aux objets, aux figures qui, » de toutes parts, étonnèrent ses regards, » et aux discours qui frappèrent ses oreilles. » Il s'arrêta, il observa; il pressentit l'entre- » prise formée par eux de maîtriser et de » perdre la Convention, que ces monstres » avilissaient déjà par leur présence ».

Sans doute, on le croira sans peine, il se garda bien d'approcher des divers foyers d'intrigues qui se multipliaient à Paris; ayant reconnu que la municipalité qui existait alors, n'était plus celle du 10 août, il se fit un devoir sacré de ne jamais l'approcher. Quel point de contact pouvait-il, en effet, y avoir entre un philosophe, un écrivain célèbre, un républicain franc et généreux, et cette horrible commune, « où les évènemens de septembre avaient transporté toute la force réelle; où les idées les plus incohérentes qui aient déshonoré le cerveau humain, passaient pour un systéme de démocratie digne du peuple français : où les formes sales, les mœurs abjectes, le langage corrompu, les appétits brutaux, sortis des cloaques les plus impurs, les plus bicétriques, étaient regardés comme le signe d'un patriotisme ardent, comme la seule preuve d'un amour sincère de l'égalité. Le vent empoisonné des diplomaties royales, de l'aristocratie et des perfides coalitionnaires émigrés ou restés, soufflant par une infinité de tuyaux sur la république naissante, et sur la représentation conventionnelle, transmettait dans cette commune toutes les haînes, toutes les fureurs, avec la soif ardente des plus noires vengeances ».

Certes, c'eût été un spectacle nouveau sur la terre que l'homme pur, que l'ami sincère de la patrie, eût seulement approché de cette monstrueuse réunion.

Sieyes avait prévu que ces hommes se préparaient à déchirer le sein de la patrie : et c'était en vain qu'il s'occupait des moyens de s'opposer à leur fureur. Plus il observait, moins il paraissait facile de trouver du remède. Son ame était navrée de douleur en voyant que les hommes de bonne-foi étaient déjà entraînés par les factieux. C'était en vain qu'il cherchait du secours dans le ressouvenir des fautes passées ; c'était en vain qu'il s'efforçait de donner des avis salutaires, de rappeler à eux-mêmes des hommes dévoués à l'intérêt public, mais trompés, mais égarés. Que pouvait-il au milieu de ce désordre ? Pouvait il élever la voix. Cette voix qui avait imposé silence à la royauté, était alors impuissante ? Quel moment ! quelle fatale époque que celle où « les réflexions politiques les plus sages, les avis les plus salutaires, ne pouvaient se faire entendre, ou étaient comptés pour des crimes ».

Dans cette désolation générale, on aurait inutilement cherché un point fixe dans l'opinion publique : l'opinion publique était dans le silence, et l'on donnait hardiment pour elle, tout ce que les passions voulaient trouver dans le chaos des mille et mille calomnies personnelles....... Toutes les épreuves ramenaient à des hommes qui semblaient vouloir non pas atteindre le but, non pas établir la république et la révolution, *mais l'exploiter à leur tour et à leur manière* ».

L'abattement du désespoir engourdissait, pour ainsi dire, toutes les facultés de l'ame du patriote dans ces tems de calamité publique; on poussait la fureur jusqu'à prostituer les noms les plus sacrés de la révolution, en les appliquant à des mesures violatrices de tous les principes sociaux. « Liberté, égalité, peuple, noms révérés, signes de ralliemens, et guides sûrs dans les célèbres journées du 14 juillet et du 10 août, vous aviez perdu votre signification naturelle, et sembliez, dans ces horribles bouches, conspirer vous-mêmes avec les ennemis de la patrie! »

» Ils avaient l'air, les monstres, de s'être proposé ce terrible problême: Comment faire la contre-révolution avec les mots *liberté, égalité,* et de s'être répondu: Déployons ces drapeaux de la révolution dans le camp des contre-révolutionnaires, et nous verrons accourir à nous la mauvaise-foi enchantée, l'ignorance séduite, la rapacité, la férocité; la *lâcheté* suivre de près, et même cette *habileté versatile* qui cherche à s'en distinguer; elle n'en sera que plus propre à nous servir, si elle y trouve son compte. Courage donc, corrompons la langue : que l'égalité ne soit plus l'égalité de droits et la garantie sociale du bien-être général, mais l'inégalité renversée des droits et l'égalité de misère; que la liberté réclamée par nous, soit celle des coquins, contre celle des bons citoyens : *Hors nous et nos amis, nul n'étant patriote, frappons sur tous; mais en particulier sur ceux qui se sont montrés les premiers, ceux de* 1789..... *Le bon patriotisme doit être nouveau; il ne datera que du jour où nous serons les maîtres* ».

Une mutation politique, un changement de constitution ou de gouvernement, les avantages successifs d'une bonne législation, tout cela n'était pas la révolution qu'il fallait à ces factieux : « une véritable révolution, comme eux voulaient la faire, devait être un bouleversement général, et la ruine complette de tous les rapports qui lient les hommes et les choses dans l'ordre civil et dans l'ordre économique : cela s'appelait la régénération complette d'un peuple corrompu par l'aristocratie des lumières, du commerce et des richesses..... Pour être révolutionnaire après le mois de septembre 1792, il fallait voir d'un œil sec les innombrables germes de malheurs qui fermentaient sur toutes les parties de la république; car, disaient les monstres, rien n'est révolutionnaire comme le malheur. A toutes les plaintes des citoyens, aux gémissemens redoublés de tant de familles patriotes opprimées, à chaque apparition d'une calamité nouvelle, on opposait la même réponse : nous sommes en révolution; et il n'y avait plus à répliquer. Ils prétendaient que les maux particuliers et publics sont l'essence même d'une révolution; que chercher à les prévenir, c'était faire un acte contre-révolutionnaire; que les déplorer, c'était se montrer ennemi du peuple; qu'un véritable patriote devait y ajouter de toutes ses forces, afin de donner plus d'extension, plus de latitude à la plus sublime des révolutions (1) ».

---

(1) Nul écrivain n'a tracé en termes plus énergiques, n'a développé avec plus de profondeur, le système et les crimes des ultra-révolutionnaires. C'est avec cette éloquence que Cicéron foudroyait dans le sénat Catilina

Comme

Enveloppé dans le manteau du sage, Sieyes cependant redoublait d'efforts pour arrêter le cours des désordres, et pour empêcher que la Convention nationale ne fût opprimée par une poignée de factieux. Les parties de l'administration devaient être réglées sur de nouveaux principes, et soumises à une organisation provisoire jusqu'à l'instant où on pourrait s'occuper du travail constitutionel. Un législateur embrasse dans ses méditations tout ce qui a rapport au gouvernement général d'un état, et rien ne peut lui être étranger. Sieyes avait préparé un travail sur *l'organisation du ministère de la guerre*; il fit sur cet objet un rapport dans le courant du mois de janvier 1793.

Ce rapport est du plus grand intérêt, tous les principes d'une sage administration y sont établis; les véritables élémens du département de la guerre y sont recueillis et rassemblés; les attributions qui doivent être du ressort de ce ministre, y sont classées avec précision. Ses devoirs et les moyens de

---

et ses infâmes complices. L'histoire recueillera ce morceau avec reconnaissance, et ce sera une de ses plus belles pages.

les remplir sans entraves y sont présentés dans le plus grand ordre ; enfin, la nécessité d'établir une discipline exacte dans les armées, y est démontrée avec force.

Trois objets doivent sur-tout occuper un ministre de la guerre ; les hommes et les choses, leur administration civile, leur direction militaire. Voilà les bases sur lesquelles roule ce département.

Quand on veut prévenir les dilapidations, et empêcher qu'un ministre transgresse ses devoirs, il faut, autant qu'il est possible, lui ôter la faculté de traiter et de terminer seul les affaires qui prêtent le plus à la corruption. Dans le ministère de la guerre, par exemple, les fournitures de toute espèce sont dans ce cas. Peut-être aurait-il été de l'intérêt public que cette partie du service eût toujours été, sous un certain rapport, indépendante du ministre. C'était à-peu-près là, au moins, l'idée de Sieyes, lorsqu'il proposait une administration chargée, sous le titre d'*économat national*, de pourvoir à toutes les fournitures. Il desirait cet établissement pour éviter le danger d'avoir des fournisseurs infidèles. Nous savons suffisamment qu'il leur est facile, moyennant de certaines conditions faites avec un ministre pervers, de laisser manquer les armées de tous les approvisionnemens nécessaires, et cependant, de continuer à tirer sur le trésor public, à vider les caisses nationales, comme s'ils remplissaient scrupuleusement les articles de leurs marchés. Il y a lieu de croire que le plan de Sieyes aurait diminué la multitude et le danger de ces dilapidations, s'il ne les eût même pas toutes prévenues.

Mais ce n'est pas seulement l'exactitude du service qu'il faut assurer pendant la guerre; on doit encore prendre les moyens de connaître si les objets fournis sont de bonne qualité. Il n'est pas toujours d'une bonne prévoyance de laisser cette fonction exclusivement au ministre; quant aux fournisseurs, il serait trop absurde de s'en rapporter à eux, et il n'entrera jamais dans la tête d'un sage administrateur de leur abandonner ce soin important. Ce serait vouloir que le soldat manque de tout. Ces considérations n'avaient pu échapper à Sieyes dans son travail. Aussi proposait-il, à cet égard, de très-grandes précautions. Des citoyens probes et des experts particuliers auraient été choisis pour examiner toutes les livraisons à l'instant où elles seraient sortis des mains du marchand pour entrer dans celles de *l'économat;* et par une nouvelle mesure qui n'est jamais superflue en ce genre, un second contrôle aurait eu lieu lorsque les fournitures seraient passées des magasins de l'*économat* dans ceux de l'administrateur ; en cas de difficulté, un second jury devait être appelé pour prononcer sur la bonne ou mauvaise qualité des objets fournis. Par ce moyen, avant d'arriver aux armées, les livraisons subissaient trois inspections différentes; alors au moins, on pouvait avoir la certitude que la république ne serait point indignement trompée.

Il faut avouer, que si on eût eu la sagesse de toujours opposer de pareils obstacles aux fripons, nous n'aurions pas vu souvent les armées dans un dénuement absolu, et le trésor national pillé par une foule de traitans avides et ennemis de la république. Au reste, les idées utiles se font jour à travers le tems et les résistances, et aujourd'hui que l'on est décidé à ne plus tolérer les vols et les rapines, on s'est empressé de réaliser, en quelque sorte dans les places de guerre, le *jury municipal* de Sieyes.

Lorsque le pouvoir exécutif confie à un citoyen le ministère de la guerre, ce n'est certainement pas pour son profit qu'il lui donne cette place, c'est pour l'intérêt de la république. Il importe donc de l'entourer de tous les moyens qui peuvent l'aider à remplir fidèlement les obligations qui lui sont imposées, et de toutes les lumières propres à le bien diriger dans sa route. C'était cette raison qui engageait Sieyes à proposer auprès de ce ministre des conseillers *de législation* et *d'inspection*, non pas, disait il, « pour délibérer en commun, et prendre une » décision à la pluralité, mais pour le tenir » parfaitement au courant des lois, l'avertir » sans cesse de l'état de la législation dans sa » partie, pour l'aider dans sa correspondance, » pour inspecter, au besoin, celles des parties » de son immense administration qui parais» sent languir, pour rechercher l'origine du » mal et y remédier; enfin, pour l'aider dans » le développement des mémoires où il a be» soin de jeter les conceptions du cabinet ».

Nous croyons qu'un ministre de la guerre qui organiserait son administration sur ces principes, parviendrait, non pas seulement à vouloir, mais à pouvoir opérer le bien.

Dans le gouvernement républicain plus que dans tout autre, pour occuper les premières places, il faut avoir la confiance publique. Un ignorant ou un fripon n'aura jamais cette confiance; ainsi, un ministre ne doit mettre dans les conseils qui servent à l'éclairer que des hommes connus par leur probité, leurs lumières, et revêtus de l'estime générale. En suivant cette méthode, on fait la moitié du travail; en suivant la méthode contraire, on n'avance en rien, et tout va mal, où tout est arrêté.

« Je m'occupe, comme on voit, ajoutait » Sieyes, bien plus à organiser le service de » manière qu'il aille facilement et constam- » ment bien, qu'à me consoler de ce qu'il ira » mal, par le doux espoir d'exercer ensuite » une vengeance rigoureuse, de voir rouler » des têtes responsables. Certes, cela sera » toujours un grand malheur que de voir tom- » ber sous le glaive de la loi la tête d'un grand » fonctionnaire. Le crime ou l'erreur qui le » conduirait à cette terrible catastrophe, au- » rait fait couler auparavant le sang de bien » des citoyens innocens, que votre tardive » responsabilité ne rappellera point à la vie ».

Sieyes, en présentant ces observations, semblait donner une leçon directe à ceux qui dans presque tous les tems n'ont que le talent de provoquer le châtiment des coupables, et non celui de prévenir leurs fautes ou leurs crimes. Ils oublient ces hommes pour qui les supplices paraissent une douce jouissance, que le vrai patriote s'occupe surtout à empêcher les abus, par de sages réglemens, et n'attend pas que l'état soit pillé, pour provoquer la punition des déprédateurs.

Les armées ne peuvent pas plus exister sans discipline, qu'un corps politique sans constitution. La discipline consiste, sur-tout, à ce que toutes les parties qui les composent remplissent strictement les ordres transmis par le général en chef. Il appartenait à Sieyes de développer ce principe, et d'établir la nécessité d'une exacte et sévère subordination. Il avait, à cet égard, des idées neuves, et dignes de fixer l'attention de tous ceux qui se livrent à l'administration.

D'abord il pensait que, d'après notre situation politique et morale, il nous est défendu de sortir du système représentatif, même pour nous battre. Il faut se garder de croire, cependant, qu'il lui parût impossible qu'une nation toute entière ne pourvût à sa défense : au contraire, il était intimement persuadé qu'elle devait s'armer quand un danger imminent la menaçait. Ce n'est pas à dire, ajoutait-il, que quand nous sommes attaqués sur nos foyers, il ne se mêle une espèce de démocratie à cette représentation (1).

« L'armée, ou *la république ambulante » et militaire*, est forcée, sous peine d'être » incapable de remplir sa mission, et pour » sa propre sûreté, de se soumettre à une » suprême autorité temporaire; car elle existe » pour une seule fin, elle est organisée pour » un seul tout : par une suite nécessaire, il » lui faut à sa tête un homme assez puissant, » pour la dispenser de penser à autre chose » qu'à se battre; c'est son général ».

De-là, la nécessité d'investir un général en chef d'un grand pouvoir. Mais Sieyes organisait ces moyens de puissance avec une pré-

---

(1) C'est une vérité reconnue, sans doute, mais on ne saurait trop la répéter aujourd'hui : quand une république est attaquée sur ses foyers, et que son indépendance est menacée par des barbares, tous les citoyens, s'ils ne sont pas indignes de la liberté, doivent prendre les armes et défendre leur territoire. La république toute entière alors, n'est plus qu'une armée et un vaste camp.

caution si grande, qu'en supposant qu'on eût adopté son système, il paraissait très-difficile que le général pût abuser d'un pouvoir qui ne lui était confié que pour la sûreté et l'avantage de l'armée.

Ce projet d'organisation avait été présenté au nom du comité de défense générale; il fut accueilli d'abord « par un silence d'inquisi» tion autant que de curiosité, discuté pen» dant plusieurs jours, calomnié ensuite, et » enfin rejeté par tous les partis ».

Dans ce même tems, à peu-près, un procès à jamais mémorable se poursuivait avec vigueur, et toute l'Europe était dans l'attente de la décision qui serait portée. La postérité en conviendra, la conduite de la Convention nationale fut, à cette grande époque, aussi ferme que sublime, et elle sut s'élever à la hauteur des circonstances. Depuis long-tems l'opinion de Sieyes sur le parjure, était fixée, et ce républicain courageux n'avait pas coutume d'attendre les événemens pour se prononcer. Celui qui était convaincu qu'il avait existé une conspiration royale contre la liberté, celui qui avait jeté les fondemens du gouvernement représentatif, celui qui savait que la trahison dans un premier magistrat est toujours le plus grand des crimes, ne pouvait ni révoquer en doute cette trahison, ni vouloir soumettre à la ratification du peuple, le jugement qui serait rendu par la Convention, ni balancer sur le choix de la peine. Il suffit, on sait quelle fut sa réponse aux questions du procès, et quel jugement il porta contre un roi convaincu de trahison.

La tyrannie ne s'écroule pas toujours avec les tyrans. Les républicains avaient renversé cette tyrannie pour constituer la liberté, les ennemis de la patrie, au contraire pour dominer et souiller la Convention de leur sanglant despotisme. Un jour l'histoire burinera dans ses pages éternelles, les crimes atroces des diverses factions qui, l'espace de plus d'une année, s'arrachèrent tour-à-tour les lambeaux du pouvoir, et ne laissèrent à la représentation nationale qu'une vaine autorité.

Plongé dans une douleur profonde, Sieyes gémissait sur les malheurs publics, les événemens présentaient des symptômes si effrayans, que son génie ne trouvait plus de remède aux maux qui fondaient de toute part sur sa malheureuse patrie. Il ne l'ignorait pas; lui-même était désigné pour victime, on peut même regarder comme une espèce de prodige, qu'il ait échappé à une proscription sans exemple.

Cependant il voulut encore, avant de se mettre à l'abri de l'orage, essayer s'il lui restait quelqu'espérance de faire entendre sa voix. Il avait été nommé membre du comité d'instruction publique. Il remit à ce comité un travail sur cet objet important. Ce plan était court, mais complet ; il avait évité, comme on peut le présumer, le système absurde qu'on avait, jusque-là, adopté de traiter dogmatiquement et de décréter législativement *la matière* de l'instruction. Son projet fut adopté par le comité ; un des membres se chargea de le présenter à la tribune. La convention parut l'approuver, et la discussion en fut ajournée à un tems assez prochain.

Quelques jours après, le nom de Sieyes est prononcé à l'occasion de ce plan. On demande s'il est de lui ; sur l'affirmative, les dispositions changent tout-à-coup. On lit, on relit, et on ne tarda pas à y appercevoir ce qu'on voulait y trouver. Bientôt, parce qu'il le faut, parce que cela arrange, on est certain qu'il y a dans cette rédaction un plan complet de contre-révolution et de fédéralisme. On cherchait une occasion de perdre Sieyes, on croit l'avoir trouvée. Le mot d'ordre est donné. Les nouveaux *patriotes* courent aux jacobins. Un de ces patriotes, qui depuis, sans doute, s'est souvent reproché au milieu de ses travaux, cette démarche inconsidérée, se charge d'une déclamation virulente et dénonce avec audace l'un des premiers auteurs de la révolution. La calomnie est répétée par les journalistes vendus à la faction ; et le jour suivant, sur la demande faite à la Convention par le chef sanguinaire de cette faction, le projet de Sieyes est rejeté sans discussion. Enfin, le comité de salut public, de son autorité privée, l'exclut du comité d'instruction, où il avait été placé par un décret spécial de la Convention.

On est plus indigné qu'étonné d'un pareil outrage : il eût été extraordinaire, en effet, qu'un homme aussi indépendant que Sieyes, aussi étranger à tout esprit de parti, n'eût pas été exposé aux outrages et aux persécutions d'une tyrannie qui devait proscrire tous les talens. Cette occasion ne fut pas la seule où on voulut le perdre. Trois ou quatre fois, pendant son horrible règne, le moderne *Clodius* l'attaqua sans le nommer, soit à la Convention, soit à cette Société fameuse, dont il s'était rendu maître. Sieyes ne répondit à aucune de ces dénonciations, non pas qu'il fût accessible à la crainte; il avait donné plus d'une preuve de son courage, mais il savait qu'il était inutile de parler, et qu'il n'était plus possible de déjouer les manœuvres de la calomnie; peut-être même les tyrans n'attendaient-ils que sa réponse pour l'immoler; voyant que les obstacles grossissaient et se montraient chaque jour plus insurmontables, il prit le parti de s'isoler entièrement, et de se renfermer, comme il l'a écrit depuis, dans la sphère la plus étroite de ses devoirs. Il se condamna à un profond et douloureux silence, intimement persuadé que s'il était assez heureux pour échapper à la fureur des boureaux, il pourrait, encore un jour, consacrer ses talens à la chose publique; c'est ainsi que, dans une affreuse tempête, un pilote habile ne trouve quelquefois d'autre ressource pour sauver son vaisseau du naufrage, que de l'abandonner au cours des flots, et d'attendre avec patience le premier moment de calme pour resaisir le gouvernail, et conduire l'équipage au port.

On se tromperait néanmoins, si on pouvait croire que Sieyes cessa entièrement de s'occuper de la patrie. La tyrannie le tenterait en vain, elle ne peut enchaîner la pensée; et tant que le philosophe respire, toutes ses méditations se dirigent vers le bonheur de ses semblables: plus ils sont malheureux, plus il cherche les moyens de les arracher à leur déplorable situation. C'est sous ce point de vue qu'il est consolant de juger Sieyes pendant le cours entier d'une année de massacres, et de savoir qu'à l'instant où tout se précipitait vers une désorganisation complette, il avait formé, avec une de ces victimes illustres dont les sciences et les philosophes pleureront long-tems la perte irréparable, le plan d'un ouvrage périodique destiné à rappeler au peuple les vrais principes de la morale et de la liberté.

Quelle qu'elle soit, la tyrannie porte en elle-même les germes de sa destruction. Les crimes que ses ministres sont forcés de commettre pour maintenir leur usurpation, se multiplient avec une rapidité si effrayante, qu'enfin ils éprouvent la nécessité, ou d'arrêter le cours de leurs forfaits ou de se résoudre à rouler dans l'abyme. Voilà le sort qui menaçait et qui frappa enfin les tyrans qui avaient asservi la Convention et le peuple français.

Dès-lors, elle reconquit ses droits, et la nation put reconnaître ses véritables représentans. Bientôt Sieyes reprit son énergie ; plus son génie avait été comprimé, plus il se développa dans ces jours heureux où la liberté jouissait d'un nouveau triomphe. Des proscriptions inouies avaient été exécutées. Des amis sincères de la république, des hommes qui lui avaient rendu de grands services, dont elle reclamait les talens, erraient depuis long-tems et ne trouvaient d'asyle que dans les forêts ou les cavernes. A quel autre qu'à Sieyes pouvait-il appartenir de proposer à la Convention de rappeler dans son sein ces hommes généreux ? Ce grand acte de justice était digne de lui ; il le sut accomplir ; sur sa proposition expresse, l'outrage fait à vingt-deux républicains célèbres, fut réparé d'un consentement unanime. Ce fut la première de ses opérations après la chûte des tyrans, et ce n'est pas celle qui l'honore le moins aux yeux de la raison et de la philosophie.

La majorité de la Convention, animé du desir de réparer les malheurs qui avaient désolé la France, et jalouse de montrer au peuple que, rendue à elle-même, elle savait choisir les hommes qui par leurs lumières et leur grand caractère, étaient dignes de tenir les rênes du gouvernement, s'empressa de placer Sieyes au comité de salut public. Ainsi depuis le mois de ventôse, an 3, il a participé à tous les travaux étonnans qui se sont préparés dans cette première division du gouvernement : et nul doute que nous ne lui devions une grande partie des mesures importantes qui ont contribué à sauver la république tant à l'intérieur qu'à l'extérieur, et qui, plus d'une fois, ont régularisé la victoire dans nos armées, et porté l'épouvante au milieu des coalisés.

Plusieurs factions, comme il est facile de se le rappeler, avaient été renversées par la Convention : ses ennemis devaient donc être nombreux, et profiter de toutes les circonstances pour se réunir, et chercher, d'un commun accord, à la dissoudre et à la détruire. En renversant les chefs, on n'avait pu atteindre leurs partisans, et il fallait s'attendre que ces derniers souvent vaincus, et cependant toujours audacieux, renoueraient leurs complots et tenteraient de se venger. Déjà les symptômes de la révolte se manifestaient de toutes parts : on voyait roder autour de la salle des séances de l'assemblée, ces hommes

à

à figure hideuse, que l'on remarque toujours la veille d'un pillage ou d'un massacre, et qui ne semblent habiter nos cités que pour y jeter l'épouvante et le deuil. Des groupes stipendiés se formaient dans plusieurs endroits de la ville, les misérables qui les poussaient à l'assassinat, avaient l'impudente audace de donner le nom d'opinion publique à leurs vociférations et à leurs cris de mort. On préparait dans l'antre du crime des trames horribles contre des membres de la Convention, et même contre la Représentation en masse; enfin, il semblait à la joie féroce que laissaient éclater les factieux de tous les partis, que le jour du massacre des amis de la liberté et de l'anéantissement de la république était arrivé. On avait devant les yeux les leçons du passé, et par cela seul qu'à telle époque on avait négligé de prendre des mesures assez fortes, on sentait qu'il était indispensable, qu'il était urgent de ne pas commettre les mêmes fautes. Comme l'Assemblée était, sur-tout, menacée par les brigands, il fallait environner la Représentation nationale de tous les moyens qui pourraient assurer sa défense; ce n'était pas encore assez, il fallait prévenir sa dissolution, et au cas que l'on parvint à consommer cet horrible crime, il fallait empêcher que la République ne pérît avec elle, et que le système représentatif ne fût enseveli sous leurs ruines. La Convention nationale se trouvait alors exposée à peu-près au même danger que l'Assemblée constituante, à une époque différente. Celui qui avait sauvé l'une devait donc aussi préserver l'autre; c'était toujours la tyrannie qu'il fallait combattre et vaincre, les droits de la nation qu'il fallait défendre contre des usurpateurs et des assassins. En ce péril imminent, Sieyes conçut un plan général de défense, et il le présenta au nom de trois comités réunis, à l'approbation de la Convention: il fut adopté. Il ne faut pas en douter, les mesures qu'il proposa sauvèrent l'Assemblée, elles furent pleinement justifiées le 12 germinal du même mois et le 1er. prairial suivant; si elles n'eussent pas été prises, peut-être la Convention toute entière eût été égorgée, et la République n'offrirait plus qu'un affligeant souvenir.

Dans tous les tems, les ennemis de la liberté ont plus d'un trait de ressemblance; c'est à peu-près toujours les mêmes intentions qui les unissent, et le même système qu'ils adoptent. Voyons comme Sieyes signalait alors leurs criminels projets, comme il traçait habilement leur infernal caractère, et comme il mettait à découvert leurs complots les plus cachés. En examinant cet effrayant tableau, nous pourrons reconnaître quelques-uns des monstres qui souillent encore aujourd'hui la République de leur sinistre présence, qui ne soupirent qu'après le moment où ils pourront, à l'aide d'une dissolution totale, du pillage et du meurtre, relever le despotisme, égorger la liberté, et refouler le peuple français dans le plus honteux et le plus misérable esclavage. Ah ! que leurs coupables espérances ne se réalisent jamais; c'est à nous à ne pas le vouloir, à ne pas le souffrir.

« Les ennemis de la République sont nombreux : quelques différens, quelques contraires même que paraissent être leurs intérêts, ils les confondent tous dans un seul, celui de la haîne également ardente qu'ils lui portent. *Factieux, royalistes*, tous déjà se rallient, et semblent s'apprêter à marcher sous la bannière de la révolte et du crime. *Oui, tous appellent à haute voix le renversement de l'ordre social, la destruction du gouvernement républicain, l'anéantissement de la*

Représentation nationale : tous dirigent leurs pas vers ce but, avec l'espoir de trouver dans un bouleversement universel le moyen de satisfaire leurs exécrables vœux.

» C'est là que l'homme de sang espère pouvoir s'en abreuver à son aise et assouvir ses vengeances : c'est-là aussi que le royaliste se promet de réaliser ses fanatiques projets, et de relever son idole sur un trône formé de débris quelconques qu'il aura pu rassembler.

On le voit, aucun parti n'est ménagé, tous sont marqués du sceau de l'infamie : le défenseur de la République pouvait-il, devait-il tenir un autre langage ? Continuons à démasquer avec lui tous les brigands.

» Nos ennemis sont ces hommes féroces, infectés de vices, chargés de crimes, dont l'élément naturel est le désordre, et qui n'aspirent que le pillage et le meurtre ; nos ennemis sont ces hommes avides de richesses et de domination qui, sous des formes moins dures, moins rebutantes, n'en sont pas moins, comme les premiers, déjà souillés et coupables encore des mêmes forfaits ».

Sieyes ne craignait pas de signaler une nouvelle faction qui s'élevait sur les ruines de celle qu'elle avait abattue, et qui dans la suite effaça par des persécutions et des crimes, le service qu'elle avait rendu à la patrie. Voilà comme celui qui reste toujours dans la bonne route, qui marche au but d'un pas ferme, a le droit d'arracher le masque à tous les ennemis du bien public; mais pour exercer ce saint ministère avec succès, jamais il ne faut avoir souillé ses mains, jamais il ne faut avoir transigé avec sa conscience; car autrement on ne joue qu'un rôle ridicule, et on n'est plus que méprisable.

« Nos ennemis sont tous ceux dont le stupide et intraitable orgueil s'alimente encore de l'espoir de raviver les absurdes préjugés qui sont détruits; ces intrigans qui, au lieu de jouir en paix de leurs biens, de leur sûreté, saisissent en secret toutes les occasions d'entraver l'exécution des lois, de calomnier les intentions des fonctionnaires publics, et qui, par cette odieuse conduite sembleraient, j'ose le dire, justifier envers eux, du moins, le règne de la terreur.

Si ce n'était pas dégrader le caractère d'homme libre que de s'abaisser à réfuter de misérables calomniateurs, on pourrait leur demander si celui qui, il y a quatre ans, a fait cette peinture des partisans de la royauté, doit être disposé aujourd'hui à former avec eux une alliance, et à les protéger de son pouvoir? Mais c'est peut-être parce qu'il les a trop peu ménagés alors, qu'on cherche à répandre le soupçon sur sa conduite actuelle; c'est peut-être là la tactique adoptée par les royalistes eux-mêmes, pour perdre plus sûrement les amis les plus ardens de la liberté, en leur enlevant la confiance des vrais républicains.

Ce n'est pas mal trouvé; il est seulement fâcheux qu'on ne soit plus dupe de cette ruse de guerre.

« Nous avons enfin pour ennemis tous ces ramas de brigands, de sicaires que font pulluler de toutes parts, dans les grandes cités, les orages des révolutions, les ennemis de l'ordre public, de la liberté, de l'égalité, de la république et de la souveraineté du peuple».

Voilà certainement dessiné, d'après nature, le caractère de tous les partis qui, tour-à-tour, se sont jetés sur le corps social pour le déchirer et le démembrer. Sieyes n'en a épargné aucun, et les mesures qu'il proposait devaient les atteindre tous sans distinction. C'est ainsi que doit agir le législateur et tous ceux qui gouvernent. Cette politique de ménager une faction et de l'employer pour en écraser une autre, est le plus détestable système que l'on puisse jamais adopter et suivre. C'est le moyen de paraître toujours utile, nécessaire, j'en conviens; mais aussi, c'est le moyen de ne jamais terminer les révolutions et de tenir la république dans un état d'agitation qui la détruit tôt ou tard. Quand on veut fortement la liberté, il faut sans considération aucune, que tous ses ennemis soient réduits à l'impuissance de lui nuire ; et ceux-là lui nuisent qui mettent le trouble et le désordre par-tout. Chez une nation la liberté existe sous une forme quelconque; cette forme, c'est la constitution faite par une représentation nommée pour cela; eh bien! cette constitution, il faut qu'elle soit invariablement respectée par tous les citoyens, par toutes les aggrégations partielles, qui, certes, n'ont pas le droit d'usurper le nom du peuple français. Nous avons voulu le gouvernement représentatif ; vous n'avez pas certainement, vous, simple individu, le droit de vous opposer à cette volonté; obéissez donc si vous ne voulez être regardé comme coupable. Justice, et justice sévère, et justice prompte contre tous ceux qui la violeraient, quels que soient d'ailleurs les services qu'ils aient rendus. Conduisez-vous autrement; vous n'aurez jamais ni esprit public, ni confiance, ni crédit, ni force. Si on déchire les premières clauses du contrat, qu'y aura-t-il de certain? Rien; et vous marcherez à l'aventure comme une horde de sauvage. De l'énergie contre l'infraction aux lois fondamentales de l'état, de quelque côté qu'elle vienne; de l'énergie contre tous ceux qui, partiellement, ne veulent pas de notre liberté telle qu'elle est constituée; voilà comme on sauve une République, voilà comme on forme des citoyens, voilà comme on assure la prospérité et le bonheur d'une nation. Quelqu'imbécille qu'on soit, on n'ignore pas ces règles du simple bon sens. D'où vient donc le mal? D'où? demandez aux ambitieux; demandez à l'étranger qui souffle la désorganisation par tous les points de la république; demandez à tous ceux, enfin, qui ne veulent d'autre patrie que des privilèges, le désordre et un maître.

Peu de tems après le rapport que nous venons de présenter, Sieyes fut nommé président. A peine avait-il quitté la présidence, qu'il partit pour la Hollande avec un de ses collègues de la Convention et du Comité de salut public. Il s'agissait de conclure entre la république française et la république batave, un traité de paix et d'alliance; il était impossible de choisir un négociateur plus sage et plus habile. Il y avait de grands intérêts à régler, et il fallait, pour l'une et l'autre nation, tenir à peu-près la balance égale ; les avantages de la France furent heureusement combinés, sans blesser les intérêts de la Batavie; et par les articles de ce traité, notre république acquérait au nord une grande et superbe existence navale et commerciale. Les négociations rencontrèrent des obstacles ; les préventions étaient fortes, car on les alimentait de toutes parts; mais il n'y a rien dont le génie ne triomphe; toutes les difficultés furent applanies, et à la quatrième conférence le traité fut signé. Sieyes ne perdit pas un instant, il apporta lui-même cette heureuse nouvelle à la Convention ; il arriva à une époque où elle fumait encore du sang que des brigands avaient versé dans son enceinte ; comme pour la consoler de cette affligeante catastrophe, il se hâta de présenter cet utile traité à la tribune, et il fut ratifié aussi-tôt.

On éprouvait cependant de plus en plus le besoin d'une constitution ; et la commission, dont Sieyes était membre, s'occupait sans relâche de cet important ouvrage. Bientôt il fut terminé et présenté à la discussion et à l'approbation de la Convention nationale.

Nul doute que Sieyes n'ait travaillé à la construction de ce nouvel édifice social, et que les principes qu'il avait développés ne lui aient en partie servi de fondemens; il avait conçu le système représentatif, c'était bien à lui qu'il appartenait d'en rassembler et d'en combiner les élémens. Mais, comme il était obligé de communiquer ses idées à ceux de ses collègues qui partageaient ses travaux, et comme ses opinions ne pouvaient entrer dans ce travail, qu'autant qu'elles recevaient l'assentiment de la majorité de la commission, il est probable que si certaines parties de son plan général furent acceptées, d'autres durent être rejetées; de sorte que, jusqu'à ce jour, il ne lui a pas été possible de réaliser l'ensemble de ses utiles conceptions; toujours elles ont été ou mélangées ou considérablement altérées.

Le problème le plus difficile à résoudre dans l'ordre politique, c'est celui de la garantie. Il y a des gens qui prétendent qu'il n'y en a pas de meilleure que la vertu : cette opinion est estimable ; mais cette garantie peut convenir à des anges, et non à des hommes; je crois que si une constitution n'en avait pas d'autre, elle serait bientôt violée. Dans le cours de la discussion, cette garantie ne parut pas à

Sieyes ni assez bien déterminée, ni assez forte pour pouvoir espérer que la constitution, et avec elle l'ordre public, fussent préservés d'un nouveau choc révolutionnaire. Il présenta un plan différent de celui de la commission, et il le fit précéder de quelques observations générales sur la division des pouvoirs et sur le système représentatif, qu'il est important de rappeler, et qui prouvent de nouveau à quel point de perfection ce législateur avait poussé ses méditations sur ce grand objet.

Sieyes divisait l'action politique dans le système représentatif en deux grandes parties; il appelait l'une, *l'action ascendante;* l'autre, *l'action descendante.*

Il comprenait dans la première, tous les actes par lesquels le peuple nomme immédiatement ou médiatement ses divers représentans.

Il comprenait dans la seconde, tous les actes par lesquels ces divers représentans s'emploient à former ou à servir la loi.

Il est nécessaire d'observer ici, contre l'opinion commune, qu'il n'entend point seulement par représentans, les membres du corps législatif, mais tous les citoyens chargés de fonctions publiques. Il regardait comme un abus, que les députés se nommassent ou fussent individuellement nommés représentans. « Il n'y a, dit-il, qu'un représentant, et c'est le corps législatif; et il y a au-dehors autant de représentans qu'il y a de genres de procurations politiques données à des corps ou à des individus occupés de fonctions publiques. Il faut bien que tous ceux qui exercent une fonction politique pour le peuple, soient ses représentans s'ils ont mission, ou des usurpateurs s'ils ne l'ont pas ».

Après avoir divisé le mouvement politique, il en marquait le point de départ; et c'est ici où, dans une idée qui paraît fort simple, brille toute la force du génie.

« Le point de départ du mouvement politique dans une nation libre, ne peut être que la *nation* dans ses assemblées primaires; le point d'arrivée est le *peuple*, recueillant les bienfaits de la loi.

» Voilà la base de toute constitution; car organiser ce mouvement, c'est avoir réglé les droits de la nation, et déterminé ce que le peuple a le droit d'attendre de tous ses délégués. Nous ne croyons pas nous abuser en regardant cette proposition comme le principe le plus lumineux de l'ordre social.

» Ce point de vue réduit une constitution à un petit nombre d'articles; mais on a, ainsi que l'observait Sieyes, la faculté de placer à côté de l'ouvrage constitutionnel « d'autres » articles de la première importance, de dé» clarer des principes, et de faire des lois » plus ou moins fondamentales ».

Ces premiers principes établis, Sieyes démontrait que la garantie sociale se trouve dans la meilleure division des pouvoirs : à cet égard on marche entre deux écueils, le despotisme et l'anarchie. Le moyen de les éviter tous deux, c'est de diviser pour empêcher le despotisme, et de centraliser pour éviter l'anarchie. Combien cet équilibre est difficile à trouver! Que de causes multipliées et souvent imprévues font pencher la balance! On éviterait tous les inconvéniens, si l'arbitraire ne s'introduisait pas dans les institutions des hommes; aussi notre législateur recommandait-il d'une manière expresse de ne rien faire arbitrairement; car, rien n'est arbitraire dans la nature morale et sociale, pas plus que dans la nature physique. Si c'est là une vérité fondamentale, qu'on frémisse des désordres qui peuvent s'introduire dans la machine politique, lorsqu'il se rencontre des hommes assez influens pour transformer en lois des erreurs funestes, et des opinions contraires aux décrets éternels de la raison.

Deux systêmes de division sont seuls admissibles, et paraissaient tels à Sieyes. Le systême de l'équilibre et celui du concours, ou en termes à peu-près semblables, le systême des contrepoids et celui de l'unité organisée. Dans son plan de constitution il donnait la préférence au systême du concours. Ces divisions ne s'appliquent qu'au gouvernement représentatif; car, au-delà, il ne peut y avoir pour le sage, qu'usurpation, superstition et folie.

Sieyes était loin de confondre le *pouvoir exécutif* avec le *gouvernement;* aussi établissait-il la différence qui doit exister entre eux. Il faut regarder la division de ces deux pouvoirs dans une république, comme une de ces vues qui appartiennent encore à ceux qui ont contribué aux progrès de la science politique.

« Le *pouvoir exécutif* est toute *action*, le *gouvernement* est toute *pensée*. Celle-ci admet la délibération; l'autre l'exclut à tous les degrés de son échelle sans exception...... l'expérience apprend que la délibération accordée au pouvoir exécutif ne fait qu'entraver sa marche. La responsabilité cesse d'être entière là où on délibère, *parce qu'elle est nulle pour la minorité*, parce qu'elle laisse rarement au concepteur son idée toute entière; or, s'il ne peut l'employer qu'altérée, comment voulez-vous qu'il réponde de tout son effet»? Telles étaient les bases du plan que présenta Sieyes. Elles étaient aussi en partie celles du projet discuté. On différait sur l'application des principes. Ce philosophe pensait que la combinaison de ses moyens était plus propre qu'aucun autre à constituer le gouvernement représentatif, et à garantir sa durée, ainsi que la liberté; le tems continuera de nous apprendre de quel côté était la raison, et qui avait le mieux disposé les matériaux de notre édifice social, ou de celui qui les avait pour ainsi dire formés, ou de ceux qui les avaient reçus de ses mains.

Mais hâtons-nous d'arriver à cette magnifique conception, dont tous sentirent l'utilité, et qui cependant, par une de ces inconcevables contradictions de l'esprit humain, ne fut pas réalisée.

Les parties principales de l'organisation sociale étaient arrêtées: trois grands pouvoirs avaient reçu l'existence: à l'un appartenait la proposition de la loi, à l'autre sa formation, et au troisième son exécution. Dans la théorie, ces trois pouvoirs paraissaient tellement en équilibre, leurs attributions tellement distinctes, qu'il semblait que leur indépendance réciproque était assurée. Mais si, pour calculer le jeu de cette machine politique, on la mettait en mouvement par la pensée, on ne tarderait pas à appercevoir qu'il se rencontrerait des obstacles imprévus, et qu'à l'instant où l'un de ces trois pouvoirs cesserait d'être en harmonie avec les deux autres, ou que tous les trois viendraient à se heurter, il s'opérerait un dérangement total, l'équilibre serait détruit, la constitution ébranlée, et la liberté dans le plus grand danger.

Il était donc évident qu'il fallait, à côté ou au-dessus de ces pouvoirs, un pouvoir conservateur chargé de les maintenir dans leur place respective, de veiller à leur mutuelle indépendance, et de préserver la liberté du citoyen. On était sur ce point généralement d'accord. Mais quel sera ce pouvoir? ni dans les tems anciens, ni dans les tems modernes on ne trouvait le modèle de cette institution; pour faire une découverte si importante, le zèle était insuffisant, et les talens, précieux pour

pour les détails, ne pouvaient se flatter d'y parvenir. Tous les élémens de l'harmonie sociale étaient dans la tête de Sieyes, il avait recueilli tous les principes conservateurs du bonheur public, et le *jury constitutionnaire* frappa tous les esprits d'étonnement et d'admiration. Cette sublime découverte est une nouvelle richesse dont s'honoreront les sciences politiques et notre siècle. C'est la première institution que l'on ait imaginée pour servir à la garantie réelle d'une constitution, ainsi qu'à la conservation des droits de l'homme et du citoyen. On cherche envain les raisons qui purent décider à la faire rejeter; car elle était bien digne de la nation française.

Le jury constitutionnaire faisait partie du système général qu'avait présenté Sieyes, et que l'Assemblée n'avait pas cru devoir adopter. Comme la nécessité d'un pouvoir conservateur lui était démontrée, il détacha de son plan, l'institution du jury pour l'appliquer à la constitution préférée et arrêtée par la Convention nationale. Plus un pouvoir est nouveau, plus il présente d'utilité, plus il semble s'élever au-dessus de tous les autres, plus un législateur prévoyant et habile en doit perfectionner l'organisation. Puisque le jury était une idée entièrement neuve, il fallait d'abord établir les fonctions qui lui seraient déléguées, fixer la juste étendue de ses attributions, et établir les limites qu'il lui serait défendu de franchir.

Sieyes donnait à son jury trois fonctions de la plus haute importance : d'abord, c'était à sa fidélité qu'il confiait la surveillance du dépôt constitutionnel ; ensuite, il le chargeait de s'occuper, à l'abri des passions funestes, de toutes les vues qui pourraient servir à perfectionner la constitution ; et enfin, il lui accordait le soin précieux « d'offrir à la liberté civile une ressource d'équité naturelle dans les occasions graves, où la loi tutélaire aurait oublié sa juste garantie ».

Ainsi, liberté politique, liberté civile, améliorations législatives, tels étaient les devoirs du jury ; a-t-on jamais introduit chez une nation, un pouvoir plus propre à assurer, à consolider son indépendance et son bonheur ?

Une constitution peut être violée de plus d'une manière ; pour que le jury fût éclairé dans ses jugemens, pour que ses attributions fussent exactement déterminées, il était donc nécessaire d'indiquer les divers actes de cette violation.

Ces actes paraissent se réduire à deux principaux : ceux qu'on appelle responsables, et ceux qu'on appelle irresponsables.

On s'apperçoit déjà que les actes responsables, ainsi que leurs auteurs, ne peuvent pas regarder le jury; ils sont prévus, et par conséquent ils ont leurs juges naturels. Ainsi, lorsqu'un simple citoyen commet un délit contre la constitution, il devient responsable, et c'est aux juges ordinaires qu'appartient la punition du délit; ainsi, lorsque les officiers publics responsables dans l'exercice de leurs fonctions enfreignent les lois constitutionnelles, ils ont aussi leurs juges naturels, quoique cependant il se trouve une énorme différence entre le délit qu'ils commettent, et les délits du simple citoyen. Cette observation judicieuse mérite toute notre attention; les fonctionnaires publics doivent y trouver une leçon pour tous les tems.

« Le citoyen est libre dans tout ce qu'il lui plaît de faire *au-delà* ou *au-dehors* de la loi : il n'est comptable que dans ce qu'il fait contre elle.

» L'officier public se rend comptable, non-seulement en agissant directement contre la loi, mais encore en se permettant le moindre acte officiel au-delà ou au-dehors de la loi.... le fonctionnaire n'a, comme tel, ni existence, ni faculté d'agir que par une création de la loi : de sa part, tout acte extra-légal est usurpation de pouvoir ou d'existence politique, c'est un vrai délit ».

En violant la constitution, le citoyen n'est coupable que d'un délit, le fonctionnaire public est en même-tems criminel et usurpateur. Cette distinction doit être une raison de plus pour l'empêcher de sortir du cercle de ses devoirs.

On peut remarquer maintenant que le jury constitutionnaire ne devait point connaître des actes responsables.

Les actes irresponsables sont donc ceux qui devaient être portés devant le jury.

Les classes de fonctionnaires irresponsables dans leurs emplois sont très-nombreuses.

« S'ils sortent des bornes du pouvoir qui leur a été confié, s'ils manquent aux formes imposées, la constitution sera violée : l'atteinte peut être grave, l'ordre politique peut être en péril. Qui signalera cette *excédence*, cette *extravasion* de pouvoirs? qui réprimera, qui neutralisera du moins les efforts, peut-être coalisés, de l'ambition, de l'intrigue et de l'aveuglement » ?

Remarquons en passant, que les évènemens que nous avons vus se succéder, confirment suffisamment les pressentimens du législateur, et ont pu convaincre qu'on avait commis une faute très-essentielle, en refusant d'environner la constitution de la garantie qu'il proposait. Si on l'avait écouté, que d'oscillations funestes on aurait évitées!.... l'esprit public serait peut-être dans toute sa force, et les républicains n'auraient point la douleur de voir quelques ineptes ambitieux ne chercher qu'à troubler la patrie pour l'asservir, à une époque où elle réclame toute notre union, toutes nos forces, et tous nos moyens.

Les missions électorales, la mission constituante, le jury constitutionnaire lui-même, le corps spécialement chargé de voter la loi, celui chargé de recueillir, de discuter et de proposer la *matière* de la loi, ceux qui sont chargés du soin de recueillir, de proposer la matière de la loi, tous ces fonctionnaires sont regardés comme irresponsables.

Le jury constitutionnaire devait donc porter en particulier sur les actes inconstitutionnels, et personnellement irresponsables du conseil des cinq-cents et des anciens. Ce n'était pas sans raison que Sieyes disait personnellement irresponsables, parce qu'il pensait que tout ce qui sortait de ce qu'on pouvait entendre par ces mots, la trahison par exemple, avait son juge et sa peine.

Certes, si les actes extra ou contra-constitutionnels de la part des deux conseils avaient pu être rejetés dans la classe des pures chimères, il eût été superflu de soumettre au jury leurs actes personnellement irresponsables. Mais le philosophe ne pouvait pas oublier que les membres de ces conseils seraient des hommes, qu'ils auraient des passions, et que l'on ne se trompait pas en leur supposant dans ce poste, plus d'ardeur dans les intrigues, et plus de desirs de se rendre indépendans de toutes formes.

Qu'on ne s'étonne pas que Sieyes voulut soumettre les assemblées primaires et électorales au jury; les assemblées primaires prises partiellement ne sont pas la nation, elles n'en sont que des parties; « tout ce qu'elles font au nom de cette nation, elles le font comme fondées de pouvoirs; et ce principe, pour être neuf, ne perd rien de sa vérité.

» Il importe infiniment que la constitution

soit observée par ces assemblées, par les assemblées électorales, et *par-tout ailleurs*, où il y aura exercice des droits politiques. On se repaît d'illusions, quand on compte sur la fidelle observation d'une loi qui n'a d'autre garantie que la bonne volonté : une loi dont l'exécution n'est fondée que sur la bonne volonté, est comme une maison dont les planchers reposeraient sur les épaules de ceux qui l'habitent ».

Il était accordé aux deux conseils des cinq-cents et des anciens, un égal droit de réclamation auprès du jury, dans le cas d'actes irresponsables extra ou contra-constitutionnels commis personnellement par chacun des membres. Il était équitable de leur accorder cette faculté l'un sur l'autre en cas d'entreprises réciproques. Ils devaient même l'avoir pour leur intérieur, dans les contestations trop sérieuses qui pourraient s'élever entre la majorité et la minorité. Car, observait Sieyes, les deux conseils ne sont pas à l'abri de ce danger; et le jury constitutionnaire offre une ressource pour prévenir ou arrêter, dans ce cas, des chocs préjudiciables à l'ordre social, ou faire cesser un genre d'inertie mortel pour les affaires publiques.

Sieyes donnait une nouvelle preuve de son respect inviolable pour la liberté individuelle, en proposant d'accorder au simple citoyen le droit de réclamation auprès du jury. Nous avons eu dans le cours de cet ouvrage, plus d'une occasion de faire remarquer quelle idée il s'était formée de cette liberté ; bien loin que son amour pour ce droit, inhérent à la qualité d'homme, inhérent à la qualité de citoyen, ait jamais pu s'altérer, chaque jour il prenait une nouvelle ardeur, et jamais il ne se refroidira. Nous en avons trouvé des gages précieux dans toutes ses opinions.

« Quand il s'agit de la liberté individuelle, il ne suffit pas qu'un droit ne soit pas nécessaire pour le refuser ; il faut qu'il soit nuisible. En fait de droits, ne donnez au fonctionnaire public que ce qui est de nécessité ; mais la liberté du citoyen doit s'étendre, et il faut la respecter par-tout où elle n'est pas nuisible. Si donc, le citoyen se croit plus libre en jouissant du droit de réclamation, il n'est pas besoin d'un autre motif pour la demander. Rendons cet hommage solemnel à la liberté individuelle, *pour laquelle tout est fait, tout existe dans l'ordre politique.... La cause finale de tout le monde social, doit être la liberté individuelle.*

Le jury constitutionnaire avait, outre le soin de veiller au dépôt sacré de la constitution, la faculté de proposer les moyens propres à corriger les vices de cette constitution, ainsi que ceux d'en accélérer les progrès. Le philosophe ne se mêle point de poser des bornes à la perfectibilité sociale ; loin de là, il prépare tous les instrumens nécessaires pour la développer. Sieyes nous présentera de nouvelles idées sur la santé du corps social, et il ne partagera point cette absurde opinion de la jeunesse, de la décrépitude et de la mort d'un état.

» La constitution d'un peuple serait un ouvrage imparfait, si elle ne recélait en elle-même, comme tout être organisé, son principe de conservation et de vie ; mais faut-il comparer sa durée à celle d'un individu naissant, croissant, déclinant et mourant ? Je ne le pense pas : faut-il lui donner celle d'une *espèce*, et la considérer comme une chaîne d'existence successive d'individus ? Je ne le crois pas davantage.

» Il faut à une constitution, comme à tout corps organisé, l'art de s'assimiler la matière de son juste développement : il faut lui donner en conséquence, la faculté de puiser sans cesse autour d'elle, dans les lumières et l'expérience des siècles, afin qu'elle se tienne toujours au niveau des besoins contemporains : c'est là une faculté de perfectionnement indéfini ; elle est son véritable caractère ; ce n'est point le principe d'une reproduction périodique et totale.

» Dès qu'on est parvenu à asseoir du moins un acte constitutionel sur sa véritable base, je n'aime point qu'on lui ménage encore la chance d'une entière rénovation ».

Tous les hommes ineptes qui ne savent que détruire, et jamais améliorer, voudront-ils profiter de cette leçon ? Dans leur ignorance, ces malheureux ne voient pas que renverser l'édifice, c'est vouloir qu'eux et tous ceux qui l'habitent soient écrasés sous ses ruines. Mais suivons Sieyes dans ses profondes observations.

» Ce n'est pas à nous à dire à notre constitution : vous appelerez vous-mêmes des époques fixes, et les déploierez avec solemnité comme autant de signaux indicateurs de votre prochaine destruction.

» Sans disputer aux générations futures le droit de faire, à cet égard, tout ce qui leur conviendra, il est permis, et c'est même encore un devoir, de remarquer que les véritables rapports d'une constitution politique, sont avec la nation qui reste, plutôt qu'avec telle génération qui passe, avec les besoins de la nature humaine commune à tous, plutôt qu'avec des différences individuelles. Ainsi, il faut donner à l'acte constitutionnel un privilège de perfectionnement illimité, qui puisse le plier, l'accommoder aux nécessités de chaque époque, plutôt qu'une faculté de reproduction ou de destruction totale, abandonnée aux hasards des évènemens ».

C'était d'après ces principes que Sieyes accordait au jury constitutionnaire la faculté de proposer, d'après certaines règles, et à certaines époques, les améliorations dont le tems démontrerait l'utilité. De cette manière, les bases d'une constitution, lorsqu'elles sont bonnes, sont éternelles, et les vices de détail qu'elle peut renfermer, se corrigent insensiblement, sans troubles, et sans des secousses, toujours dangereuses. Voilà le chemin par lequel on arrive à la perfection qu'il est permis aux hommes d'atteindre, et comme on parvient à les rendre heureux.

» La dernière fonction attribuée au jury, devait être celle de donner à la liberté civile une ressource d'équité naturelle dans des occasions graves, où la législation tutélaire, aurait oublié sa juste garantie.

C'est en traitant ce dernier objet, que l'ame de Sieyes se montre sous un nouvel aspect. C'est ici que nous allons admirer l'ami sincère de l'humanité, le défenseur éloquent des droits sacrés de l'innocence. Nous allons connaître la véritable sensibilité, celle qui s'occupe des moyens de dérober à l'injustice ou à l'erreur, des victimes infortunées, et de les arracher au plus affreux des supplices.

« Qui de vous n'a pas été dans le cas de voir des juges placés dans l'effrayante alternative de sauver un coupable, et, ce qui est bien plus affligeant, de punir l'innocence, ou d'enfreindre la loi? Cette position d'un tribunal, réduit à l'arbitraire ou à l'injuste, n'atteste-t-elle pas l'insuffisance de la législation, et l'existence d'un vide qu'il faut couvrir, si on ne peut le combler?

» Quel esprit juste, quel cœur sensible, n'a pas regretté vivement le droit de faire grâce, aboli parmi nous, parce qu'on l'a confondu avec l'idée d'une prérogative royale? C'est la prérogative de l'innocence près de succomber, avec les apparences du crime; c'est la dernière espérance d'un malheur, tel qu'il n'y en a pas de plus déplorable au monde; c'est la considération de tout ce qui porte un cœur, et que le spectacle de l'innocent confondu avec le coupable, afflige et bouleverse presque dans le fond de l'ame ; et quand cette calamité est presque toujours la faute, ou si l'on veut, la suite d'un oubli de la part du législateur ; quand on songe qu'il se garderait bien de l'appliquer lui-même, en suivant sa véritable intention, tandis qu'on force le juge à l'appliquer, d'après cette intention présumée ; quand, dis-je, on voit la liberté de l'homme ainsi exposée, comment ne pas y remédier par l'établissement d'un juge d'équité naturelle. Le droit de faire grace est nécessaire, quand c'est un devoir, et lorsque c'est un devoir, il faut lui ôter sa dénomination : ce n'est plus grâce, c'est justice.

» Interrogez entre les principes sociaux, celui qu'on doit regarder comme le premier et le plus réel de tous ; la liberté individuelle.... Dites-moi, un homme peut-il se dire, peut-il se croire libre dans l'état social, qui, lorsqu'il se sent blessé dans ses droits, n'a pas la faculté de demander justice?.... Non.

» On me répondra : que ne demandez-vous une loi positive ? Oui, demandons : mais premièrement, le législateur aurait beau faire ;

il est réduit à construire de grandes classifications de délits, les différences lui échappent : on se plaint souvent qu'il y a trop de lois : ce qu'il y a de vrai dans cette vieille censure, comme ce qu'il y a de faux et de trivial, n'empêche pas que les besoins de l'ordre civil ne surpassent toujours ce que *peut*, ce que *doit* faire le législateur, parce que l'une et l'autre réflexion mènent à reconnaître l'utilité d'un supplément propre à remplir les lacunes de ce qu'on n'a pas dû, comme de ce qu'on n'a pas pu faire.

» Que ne demandez-vous une loi positive : oui, demandons : mais une loi positive ne saurait avoir un effet rétroactif. Quand elle arrive, il n'est plus tems, au moins, pour guérir le mal qui l'a provoquée. Mais si, dans le même cas, la loi naturelle parle fortement ; si elle offre une consolation au malheur, un exemple à la société, vous ne la taxerez pas du moins d'opérer un effet rétroactif. La loi naturelle est de tous les tems ; elle fut promulguée au commencement du monde, et gravée au fond de la nature humaine avec l'ineffaçable sentiment du juste et de l'injuste.

» Complettons, perfectionnons la jurisdiction civile ; car, c'est par-là, sur-tout, que les individus peuvent connaître le bonheur de la liberté, en jouissant de tous leurs droits avec une sécurité parfaite.

» Soit ignorance, soit négligence, soit condescendance forcée aux erreurs et aux préjugés de leur siècle, les législateurs n'ont pas toujours cherché à remplir ce premier devoir. Nulle part l'universalité des droits n'a été mise sous une égale et entière protection de la loi ».

Nous le répéterons, en terminant cet article, le jury constitutionnaire nous paraît être une des plus belles découvertes de l'art social; son organisation peut être regardée comme un chef-d'œuvre. En effet cette institution embrasse tous les grands rapports du contrat politique : elle prévoit tous les abus, elle prépare tous les moyens de perfectionnement, elle donne à la liberté politique, à la liberté civile, une garantie invincible, et enfin elle présente à l'innocence un asyle sacré contre l'arbitraire ou l'erreur des juges. Plus d'une fois on a cherché, pour remédier à bien des maux, ce jury dans notre constitution; plus d'une fois on a eu raison de regretter de ne pas l'y trouver. Espérons qu'un jour, plus heureux, plus éclairés ou moins prévenus, nous saisirons l'occasion de confier nos droits politiques et nos lois fondamentales à cette indestructible sauve-garde.

Quoique Sieyes ait encore trois années à siéger dans la représentation nationale, nous terminons cependant sa carrière législative à son jury constitutionnaire. Depuis la mise en activité de la constitution, il ne se présente plus de hautes questions politiques à traiter; la tribune aux harangues ne retentit que de discussions secondaires, conséquences des principes constitutionnels de notre pacte d'association préétabli. Ne soyons donc pas étonnés si l'esprit actif de Sieyes se livre à des méditations plus profondes, s'il a besoin d'atteindre à de plus vastes conceptions que ce qui concerne la confection des lois réglementaires, organiques et circonstancielles. Le génie, qui pendant vingt années n'a cherché que des vérités éternelles, n'a combiné que des mesures générales, peut-il descendre à des détails qui, pour lui, ne peuvent toujours être que fastidieux? L'architecte qui élève pour nous un édifice somptueux, se mêle-t-il de la charpente et de l'ameublement, sans lequel vous ne pouvez l'habiter? Cela regarde d'autres talens. Ainsi fit Sieyes; depuis l'achèvement de l'acte constitutionnel, il ne parut

rut plus parmi les orateurs de la représentation nationale.

Mais combien se tromperait-on, si l'on ne mesurait les travaux de Sieyes, comme législateur, que par le nombre des opinions qu'il a prononcées lui-même à la tribune ! Cette erreur commise par des gens qui se sont empressés d'oublier nos fastes patriotiques, n'a besoin pour être détruite que d'être rappelée à un public éclairé. Il n'entre point dans notre plan de faire connaître notre auteur par ses travaux secrets et collectifs dans les comités, aux commissions et ailleurs, ce serait le sujet d'un ouvrage à part (1); si nous avions embrassé cette latitude, nous montrerions Sieyes environné de bien d'autres titres à la reconnaissance publique; mais nous respectons la modestie du républicain qui sert son pays sans l'ostentation du patriotisme, et qui, content du bien qu'il opère, dédaigne l'encens de la renommée.

---

(1) Nous léguons ce sujet à un homme qui comme nous ne se passionne que pour la vérité, sans calculer les divers genres de blâme qu'il peut encourir. Et certes, il est des circonstances où quelque bien qu'on veuille faire, on est *blâmé de toutes parts*. Qu'importe à l'écrivain patriote indépendant de quelle espèce de puissance que ce soit ?

Cette considération nous entraîne, avec la rapidité d'un torrent, sur des matières qu'on aimerait à parcourir avec lenteur. Nous ne faisons qu'indiquer les objets qui fixaient l'attention méditative de Sieyes. C'est ainsi que pour le tems où il était membre du comité de salut public, nous désignons tous les traités que la République conclut avec diverses puissances de l'Europe. Des négociations importantes s'ouvrirent alors, et commencèrent le rétablissement de notre ancienne considération politique. Les traités de paix, de commerce et d'alliance qui existent maintenant entre nous et la Prusse, la république Batave, la Suède, le Danemarck et l'Espagne, appartiennent à ce tems, ou du moins c'est alors que prirent naissance les négociations qui amenèrent à leur conclusion. Par ces traités, la France cessa d'être un état sans alliés, sans amis, et contre qui toute l'Europe était conjurée: plusieurs gouvernemens jusqu'alors nos ennemis, s'apperçurent de leur erreur, et commencèrent à se persuader que leur existence politique était liée à celle de la République française.

Sieyes se livrait à bien d'autres travaux encore, mais nous ne savons point (et l'on ne saura peut-être jamais) toutes les mesures de salut public, et tous les vastes plans dont il a été le premier auteur, et dont il a laissé à d'autres les honneurs de la tribune. Trop de réputation de talens seraient compromises pour espérer découvrir par la suite beaucoup de ces *pactes d'amitiés*. Cependant il est permis de croire que ces actes *anonymes* de Sieyes sont en grand nombre (1). L'amant le plus passionné de la liberté française n'a pu voir tous les orages qni l'ont menacée à diverses époques, et rester dans un oisif silence. S'il eût été étranger à la résistance

(1) Sans chercher à découvrir ce qu'il y a de vrai ou de supposé dans le plan de régénération militaire, que, dit-on, Sieyes tira de son porte-feuille deux ans après l'avoir conçu, pour en faire hommage à un grand général; toujours est-il certain qu'il avait, dès 1788, prévu le cas où il serait urgent de lever une armée nationale prodigieusement nombreuse. L'on sait que chez cet homme étonnant, prévoir un besoin et créer une ressource, c'est la même chose. Qu'on lise les lignes suivantes de *Qu'est-ce que le Tiers-État*, page 24, et qu'on dise si ce n'est pas-là l'indice certaine d'un plan existant et tout prêt à être proposé : « .... Et si l'on m'oppose qu'en rendant commun quelques-uns de ces priviléges, comme par exemple celui de ne point tirer à la milice, on s'interdirait le moyen de remplir un besoin social, je réponds que tout besoin public doit être à la charge de tout le monde, et non d'une classe particulière de citoyens; et qu'il faut

qu'éprouvaient les réacteurs de l'an 5; s'il n'eût pas été regardé comme le moteur le plus actif du levier qui ferait marcher la révolution dans le chemin du salut public, à travers les attaques des factions qui veulaient l'arrêter ou la précipiter dans sa course, aurait-il été atteint par le bras assassin du royaliste *Poule?* Il savait bien, ce monstre, que c'était ôter à la république le plus grand de ses défenseurs ! Mais la France n'eut point alors à pleurer un de ses régénérateurs : Sieyes put encore contribuer à la sauver le 18 fructidor.

Ce grand œuvre, et sa présidence du Conseil des Cinq-cents, au commencement de l'an 6, furent ses derniers travaux législatifs.

C'était peu pour la grande destinée à laquelle Sieyes était appelé, que d'avoir jeté les premières semences de notre révolution; d'avoir contribué puissamment à fonder une grande république; d'avoir fourni les prin-

---

être aussi étranger à toute réflexion qu'à toute équité, pour ne pas trouver un moyen plus national de completter et de maintenir tel état militaire qu'on veuille avoir ».

Le plan d'instruction publique, présenté par Lakanal, n'était-il pas de Sieyes? Le discours prononcé par Boissy-d'Anglas à l'ambassadeur de Suède, n'était-il pas de Sieyes? Le comité de salut public ne l'avait-il pas chargé de le faire? etc., etc., etc.......

cipales dispositions de la constitution de l'an 3 (1) ; et d'avoir arrêté le cours de toutes les actions extrêmes, de toutes les réactions vengeresses, également destructives des principes de liberté, d'égalité et du système représentatif ; il fallait encore que ce philosophe, calme et méditatif, fût jeté dans le tourbillon rapide des négociations politiques ; et de-là poussé au faîte plus orageux encore, des grandeurs républicaines, pour préserver notre régénération des tempêtes septentrionales qui la menaçaient, et affermir l'attitude du plus beau corps social de l'univers.

Il serait inutile de faire remarquer le but important qu'avait l'ambassade de Berlin, vers le milieu de l'an 6, si la calomnie unie à la plus ridicule ignorance n'avait essayé de

(1) Nous demandons à ceux qui allèguent toujours le jury constitutionnaire, comme une opinion si opposée à notre constitution actuelle, qui en France a publié avant Sieyes, l'utilité qu'il y avait à faire exercer le pouvoir législatif par deux ou même trois chambres ? Qui le premier a proposé le renouvellement partiel des corps constitués, dans la proportion du tiers, du quart ou du cinquième des membres qui les composent ? Qui a prononcé le premier le mot de directoire ? etc., etc. Convenons que les élémens de la constitution de l'an 3, étaient, dès 1788, dans les ouvrages politiques de Sieyes.

dénaturer l'objet réel de cette grande mission. Beaucoup de gens ne voyent point encore que si les *états-généraux* de l'Europe étaient assemblés à Rastadt, le comité préparateur était à Berlin. Cette ville était alors le foyer ardent où convergeaient toutes les intrigues diplomatiques des cours coalitionnaires. C'était-là que le lord Elgin, puis Grenville, et le prince Repnin, broyaient tous les fléaux *de l'iniquité*, pour les déverser ensuite sur nos têtes patriotiques ! Jamais dans aucune circonstance périlleuse, la France n'eut besoin d'avoir, en cette résidence, un citoyen plus fidèle, un politique revêtu d'une considération plus influente. Faut-il donc se demander qui, dans cette conjoncture difficile, dût fixer tous les regards des amis sincères de la chose publique ?

Ce fut le 19 floréal que Sieyes fut nommé ambassadeur extraordinaire de la République française à la cour de Prusse. Le 26 suivant, il donna sa démission de membre du Corps législatif, et il partit peu après pour sa mission solemnelle. Sa grande réputation l'avait devancé en Allemagne ; un peuple nombreux bordait toutes les routes où l'on présumait qu'il devait passer. On attendait, on cherchait avec une impatiente curiosité, l'un des premiers et des plus courageux fondateurs de la République française. Sieyes, toujours peu soucieux de cette évidence qui ne tourne qu'au profit de l'amour-propre, se déroba aux hommages glorieux que lui préparait une nation éclairée par le philosophe Kant (1). Il garda constamment l'*incognito*.

Si nous suivons l'ambassadeur de la République jusqu'à son arrivée à la cour de Berlin, ce sera-là où il nous paraîtra encore plus grand, et sa raison plus influente. A sa présence, les impressions défavorables à notre égard, d'une Puissance alliée, s'évanouissent, et les intrigues souterraines de nos ennemis sont déjouées avec la même rapidité que les vapeurs malignes de la nuit sont dissipées par l'apparition de la lumière. Né avec un ca-

---

(1) Tout le monde sait que ce professeur de l'université de Koenigsberg, est un des écrivains politiques d'Allemagne les plus distingués. C'est par lui que les Allemands ont été *initiés* à la théorie de l'art social. Il est chez cette nation ce que Sieyes était parmi nous avant la révolution française : le philosophe méditant sur les *droits de l'homme en état de société*. C'est à cause de cette parité de besoins et de travaux, qu'on trouve chez ces deux penseurs, que nous nous sommes permis cette légère accolade, honorable au surplus à deux grandes nations et à deux grands hommes.

ractère sévère, et nullement façonné aux manières multiformes des cours, Sieyes sait cependant y occuper une place très-difficile avec la dignité la plus imposante. C'est trop peu : il n'est pas de fête d'étiquette où il ne sache faire habilement valoir le rang qui est dû à l'ambassadeur de la République française, c'est-à-dire, la première place; et cela sans avoir recours aux anciennes et misérables disputes sur la préséance (1). Porte-t-il la pa-

(1) Le jour de l'anniversaire de la naissance du Roi, il y eut une grande fête à la cour. Tous les ambassadeurs s'y rendirent. Ceux qui affectaient d'avoir le plus de prétentions aux places prétendues d'honneurs, furent au château de meilleure heure. Sieyes y arriva le dernier; tous les ministres étaient déjà placés; cette situation était délicate. Le chambellan qui recevait était fort embarrassé; il fallait déplacer tout le monde. Il allait cependant le faire, lorsque Sieyes s'y refusa : *Non monsieur*, dit-il au chambellan, *la première place sera toujours celle qu'occupera l'ambassadeur de la République française*.

Ce trait, et quelques autres suivans que nous croyons devoir insérer ici, portent trop l'empreinte du caractère de Sieyes pour pouvoir être révoqués en doute.

Un autre jour, notre ambassadeur étant encore au château, se trouvait dans un grand cercle, où figurait le prince Repnin; celui-ci vantait en charlatan l'excellence du despotisme, et la supériorité du régime Russe sur toute autre forme de gouvernement. Dans cette conjonc-

role au nom de son gouvernement; où trouver un modèle plus parfait de grandeur républicaine et d'urbanité négociatrice ? Son discours de réception honorait à la fois et la nation qu'il représentait alors, et le prince puissant auprès de qui il était envoyé; Sieyes l'éclaira sur ses véritables intérêts, et lui fit apprécier le poids influent de notre alliance sur toutes les affaires du continent.

Nous devons aux négociations de Sieyes à Berlin, n'en doutons pas, la conservation de ce qui nous reste de considération en Europe, et que l'impéritie de tant d'agens aveugles-nés de la politique, n'a pu nous faire perdre.

---

ture Sieyes ne devait pas rester muet. *Son gouvernement*, dit-il, *lui paraît excellent. Cependant demain, s'il plaît à son maître, on lui coupera le nez et les oreilles, et on le confinera en Sibérie; au lieu que dans notre république nous sommes tous* Dauphins.

Le ministre de *Hangwitz* lui avoit fait entendre que l'étiquette de la cour exigeait qu'il n'y parut qu'en épée. Sieyes fut à la première audience en sabre; mais pendant tout le reste de son ambassade il s'y refusa constamment : *On veut*, disait-il, *me donner des ridicules.*

Simple dans ses manières, quoique digne dans ses relations, il n'adopta pour costume, pendant toute la durée de sa mission, qu'un habit bleu, collet brodé en soie verte, où étaient représentées des branches d'olivier. Il disait à ce sujet qu'il voulait être un *ministre de paix.*

Que n'est-il possible de dérouler aux yeux de l'incrédulité, toutes les transactions défensives de notre gloire et de notre indépendance nationale, qui ont été passées entre la France et plusieurs États neutres et amis, par l'entremise de Sieyes ! Que ne peut-on rappeler tous les maux commis par d'autres, et que lui seul a dû réparer ; toutes les sottises et les gaucheries qu'il a fallu effacer de nos fastes diplomatiques chez les puissances : alors on concevrait, mais trop médiocrement peut-être, quels sont les services éminens que ce négociateur habile a rendus à sa patrie.

Des fonctions bien plus difficiles encore l'appelaient : c'étaient celles des magistratures suprêmes d'un grand peuple. Mais ce quatrième période de la vie politique de Sieyes, appartient au tems présent ; ce n'est donc qu'à une autre époque qu'on en pourra écrire l'histoire. Qu'il nous soit permis cependant de consigner ici le sentiment profond d'indignation que nous avons éprouvé à la vue des traits dont on a voulu atteindre notre philosophe depuis qu'il tient le timon des affaires. Il est donc vrai que pour ces *ultrà*-révolutionnaires, aucune réputation de patriotisme ne peut être à l'abri de la plus odieuse calomnie. Montrez-leur l'auteur du contrat social couvert de la pourpre directoriale, ils le dénonceront comme un ennemi du peuple; Lycurgue serait un royaliste forcené; l'institution des Éphores ne le sauverait pas de la proscription; le législateur de la Caroline serait traité en creux métaphysicien, qu'on punirait pour avoir agrandi la sphère de l'entendement humain. Qu'on ne nous accuse pas d'exagération; il est plus criminel, plus absurde encore d'arracher la couronne civique à l'auteur de *Qu'est-ce que le Tiers-Etat*, de l'*Essai sur les Priviléges*, des *Vues sur le moyen d'exécution du mode de délibération pour les assemblées des bailliages*, *des droits et des devoirs de l'homme et du citoyen*. Mais pendant que ces écrits nous apprenaient à devenir libres; qu'ils électrisaient nos âmes du feu pur du patriotisme, que faisaient alors ces détracteurs des vétérans de la révolution? Ils étaient de vils esclaves. S'ils avaient eu l'énergie de l'insurrection, que ne se présentaient-ils pour grossir le groupe peu nombreux des patriotes du 14 juillet? mais il fallait du sang pour *tremper* leurs âmes, et les *vêpres* de septembre n'avaient point encore *sonné*. Espérons que ces hommes nouveaux en révolution, et que personne ne connaissait antérieurement à l'an 2 de la République, n'auront aucun moyen d'égarer une grande et belle nation. Ils passeront, et le peuple les maudira.

» Il nous reste à dire un mot de sa fortune (de Sieyes). Nous avons voulu le représenter avec une fidélité scrupuleuse, et comme s'il rendait lui-même ses comptes. Sa fortune, quand la révolution a commencé, consistait en bénéfices et pensions pour sept à huit mille livres de rentes ; en trois petites portions de rentes viagères sur l'hôtel-de-ville de Paris, faisant ensemble la somme de huit-cent-quarante livres, et en divers placemens disponibles qui comprenaient son patrimoine et ses économies croissantes depuis neuf à dix ans. La totalité allait alors à la somme de quarante-six à quarante-sept mille livres de fonds. L'article des économies avait pour motif, le dessein de se retirer aux États-Unis d'Amérique dès qu'il aurait pu former un capital suffisant, libre et transportable, et pour base la simplicité de sa manière de vivre, jointe à la facilité de ne faire aucune dépense pendant les deux tiers de l'année qu'il passait à la campagne, chez son évêque, à quelques lieues de Chartres.

» Après les décrets qui mirent les biens ecclésiastiques sous la main de la nation, Sieyes jugea qu'il allait être bientôt réduit à son bien particulier et indépendant. Il avait alors renoncé à quitter son pays. Il songea donc à ramasser toutes les portions de son capital disponible, afin de se fonder pour l'avenir un nouveau titre d'indépendance, en s'assurant au moins le strict nécessaire pour vivre. Dans cette vue, il a acquis sur une maison de commerce des plus solides, mille écus de rentes viagères à neuf pour cent, ou au principal de trente-trois mille livres ou environ. Le contrat en fut passé, par-devant notaire, au commencement de l'année 1791. Le restant du même capital, porté, par un léger accroissement, à la somme de quatorze mille livres, a été confié à l'un de ses frères pour le réaliser en biens-fonds à plus de deux cents lieues de Paris. Il en ignore le sort, ne s'en étant plus occupé; de sorte qu'on ne peut le faire entrer dans l'état de son revenu actuel que pour mémoire. Les derniers décrets sur les indemnités des anciens bénéficiers, avaient réduit celle de Sieyes, comme toutes les autres, à mille livres. Il en a fait offrande à la patrie, à la tribune de la Convention, le 20 brumaire de la seconde année républicaine (vieux style, 10 novembre 1793). Ainsi, la fortune présente de Sieyes est, comme on le vient de voir, de trois mille livres de rente d'une part, et de huit-cent-quarante livres de l'autre, le tout en viager ; plus, la somme confiée à son frère, et portée ci-dessus comme mémoire ».

Voilà quelle était la fortune de Sieyes en l'an 2 de la République. Il ne viendra sûrement à l'esprit de personne d'imaginer que, depuis cette époque, elle se soit augmentée illicitement. Il est des hommes doués d'une organisation supérieure, dont le nom seul repousse toute odieuse inculpation.

Il nous reste pour compléter l'esquisse que nous faisons du caractère public et des opinions politiques de Sieyes, de répondre à ses détracteurs de différens partis : ce sont ses propres paroles que nous allons encore emprunter ; mais qu'on se rappelle que l'écrit dont elles sont extraites est de messidor an 2, et qu'on juge si notre auteur peut jamais appartenir à une autre cause que celle du peuple (qui est celle de la raison), et s'il est possible à un homme d'un caractère si élevé, et d'une si grande sévérité de mœurs, de sortir de la ligne droite qui coupe les voies sinueuses des factions? « Il était impossible, au milieu des passions révolutionnaires de la France, que Sieyes, placé par sa destinée et avant l'origine des troubles, au poste où se sont d'abord portés tous les regards, ne fût attaqué, calomnié, et tour-à-tour déchiré avec fureur par toutes les factions qui se sont élevées. Quoiqu'il n'ait appartenu à aucunes, toutes lui ont attribué une influence qu'il n'avait pas. On n'a pas voulu faire attention que si au commencement, avant la formation des partis, un homme seul pouvait quelque chose, quelque-tems après il ne pouvait rien ; c'était l'effet de l'existence même des factions.

Si l'on juge que l'acquisition de ses connaissances politiques date d'un tems bien antérieur à toute agitation, qu'elles ont été le fruit des pénibles études sur l'économie publique, de longues méditations sur l'homme, sur l'organisation des sociétés et l'histoire des gouvernemens; méditations suivies à la campagne dans un repos d'esprit absolu, loin des intérêts, des intrigues et des mouvemens de toute espèce qui se mêlent aux convulsions politiques, on pourra concevoir la force et la pureté de son attachement à ce qu'il a embrassé comme la vérité ; et l'on restera persuadé, tant pour ses principes restés intacts au milieu des orages, que par la simplicité de sa vie, l'austérité de ses mœurs, et la rectitude naturelle de son caractère et de son esprit, que cet homme n'a pu véritablement appartenir qu'à sa raison, à la justice, et au bien général de sa patrie.

» Mais il était naturel aussi, que dans les combats même les plus étrangers à l'intérêt public, chaque faction le cherchât encore dans ses rangs, plus naturel que ne l'y trouvant pas, elle en conclût qu'il était dans les rangs ennemis. Tous les partis raisonnant de même, commettaient la même erreur. De-là mille et mille sottises contradictoires débitées, propagées et soutenues sur son compte, qui toutes ont dû s'évanouir avec l'intérêt particulier et le genre d'hostilités d'où elles tiraient un moment d'existence.

» On nous permettra de placer ici une ou deux réflexions générales, qu'on pourra, si l'on veut, appeler métaphysiques.

» L'influence de la *raison* est un phénomène que peu d'hommes savent apprécier. Nous avons été forcés d'en faire la remarque, sur-tout au commencement de la révolution, où cette influence s'est puissamment exercée sur les affaires publiques. Nous avons vu les gens du monde étonnés de ses effets, les attribuer, et ne pouvoir faire autrement que de les attribuer à l'*intrigue*, d'autres pensées étant étrangères à leur conception, comme il

le

le serait à leur volonté de se déterminer sans un intérêt personnel. Nous les avons vu sourire, soit de pitié, soit d'incrédulité, à l'idée de ce que doit être un législateur s'élevant au-dessus de la sphère des passions, pesant, sans y prendre part, ses intérêts divers, réprimant les uns et conciliant les autres avec équité. Écoutant ce portrait, s'ils avaient pu y croire, ils l'auraient pris pour celui d'un sot, ou d'un homme qui ne sera jamais bon ni à lui, ni aux autres; cette réflexion porte mieux leur caractère. La raison, qui est la morale de la tête, comme la justice est la morale du cœur, sont pour eux des couleurs pour les aveugles. L'amour de l'humanité, le desir de la perfection sociale, l'attachement passionné d'un esprit droit à de si grands objets, passent leur portée morale; ils ne peuvent y croire. Ils ne soupçonnent même pas que l'*art social* puisse réellement occuper et enthousiasmer ses artistes philosophes, comme l'attrait de la peinture, le goût de la belle architecture, la recherche d'une belle harmonie, s'emparent du musicien, du peintre et de l'architecte. Mais ils croient à l'ambition, à la vanité, toujours à des motifs immoraux pour toutes les actions de la vie. Nous avons vu ces gardiens inquiets de leur propre iguorance, de leurs petits abus, de leur misérable routine, craindre les chercheurs de la vérité comme des espions ennemis, se méfier du travail intellectuel qui résout un problème politique, comme d'une machination dangereuse, regarder une combinaison scientifique comme une conspiration. Si ces prétendus *athéniens* avaient apperçu des philosophes se promenant dans les allées de l'*académie*, ils les auraient pris pour des voleurs qui s'enfoncent dans un bois.

» Or, des hommes qui prennent ainsi les limites de leur individu pour celle de la nature humaine, n'ont pas dû davantage concevoir la retraite certaine, la vie contemplative et volontairement obscure de celui qui, après avoir eu de grands succès de raison, se réfugie dans le silence quand ce n'est plus elle qu'on peut écouter; car, l'esprit d'intrigue, hors duquel ils ne veulent rien voir, saurait, en effet, se plier à toutes les positions, se charger de tous les rôles pour ne pas perdre ses avantages, pour accroître son crédit et le domaine de ses passions. Notre observation tient à la morale universelle; mais le lecteur saura en faire une juste application particulière.

» Faisons connaître quelques-uns des propos auxquels Sieyes ne cesse d'être en butte de la part de trois sortes de personnes.

» Est-il naturel, disent les uns, est-il vraisemblable que Sieyes, après avoir marqué comme il l'a fait en 1789, se taise sérieusement, qu'il soit à l'écart, qu'il n'agisse pas en secret » ? .... Il est aisé de répondre : sur quoi, s'il vous plaît, fondez vous votre pensée ? Soyez de bonne-foi ; n'est-ce pas qu'à sa place, vous agiriez, vous parleriez ? Eh bien ! qu'est-ce que cela prouve ? Que Sieyes ne vous ressemble point, voilà tout. Quelques passions de plus, quelques passions de moins, et celui qui ne peut comprendre la conduite d'un autre, sera le premier à la trouver simple, naturelle et raisonnable.

D'autres s'expriment autrement ; ce sont les révolutionnaires de fraîche date, les patriotes régnans ; ils ont un langage à eux : nous allons l'adoucir. « Cet infâme Sieyes ! disent-ils, on a beau le chercher ; voyez quel profond scélérat ce doit être, puisque nous ne pouvons le surprendre nulle part ». O logique des passions ! ce trait, digne de la forte comédie, quand on la jouera en enfer, nous l'avons entendu, non pas une, mais vingt fois, en termes semblables ou équivalens. Eh ! qui pourrait l'inventer ? Qu'il rappelle bien le mot d'un autre bourreau forcé de lâcher une de ses victimes : *Le coquin ! il était innocent.*

» Quant aux invectives des aristocrates, ces hommes-ci, du moins, ont eu quelque raison d'en vouloir à l'ennemi le plus décidé de leurs privilèges, et de leurs prétentions plus intolérables encore. Ils ne l'ont pas ménagé : mais condamné à d'éternels rabâchages, ils vérifient encore aujourd'hui la pensée de Sieyes dans un tems un peu différent. Les aristocrates, disait-il, ne savent vivre que de réminiscence. Voyez en effet ; jadis ils roulaient sur les souvenirs de la vanité ; aujourd'hui, ils se nourissent de ceux de la haine : dans tous les cas, ils ne peuvent sortir du passé. Quels hommes ! toujours déboutés, ils essaient toujours de se réintégrer dans leurs calomnies les plus usées. Aujourd'hui, comme autrefois, ils cherchent à insinuer que Sieyes est DERRIÈRE LE RIDEAU. *Derrière le rideau !* Le plus épais de tous est celui que vous avez mis devant vos yeux, malheureux ; qui, pour fuir la bienfaisante égalité des droits, vous êtes réfugiés dans l'antre de la féroce iniquité ; qui, pour retenir je ne sais quelle fumée d'orgueil dissipée par le premier souffle de la raison publique, avez ameuté tous les vices, tous les préjugés de l'Europe ; les avez armés contre notre commune patrie.... Sieyes derrière le rideau !... et vous n'avez pas même suspendu cet indigne soupçon, lorsque, par les circonstances, il est devenu abominable! A quels indices osez-vous donc vouloir le reconnaître? Examinez la conduite constante, uniforme et rectiligne de Sieyes dans tout le cours de la révolution, et comparez-y sérieusement, s'il est possible, le portrait mouvant, comme les évènemens qu'en veut tracer votre imagination, si féconde en chimères. Quoi! le flux et reflux révolutionnaire, qui a produit au grand jour tant de faits cachés, tant de détails personnels et de relations clandestines, ne vous a pas une seule fois confirmé vos pitoyables soupçons; et vous vous obstinés à le dire derrière le rideau! Quel est donc ce rideau constamment respecté par le tems, qui ne respecte rien? Ce rideau mystérieux, que n'ont pu soulever encore ni le reproche des insuccès, ni l'indiscrétion des triomphes, ni la vue des périls, ni les efforts de la haine, ni le machiavélisme de tant de maîtres, ni la bassesse inquisitoriale de tant de valets, ni la chûte successive des factions et des personnages les plus opposés? Montrez-nous donc, ô habiles observateurs! où peut être pour un simple individu, un *scrutin épuratoire* plus sévère, plus impartial, et d'où vous puissiez tirer une décision plus vraie, un jugement plus incontestable que celui-ci: *Toutes les fois que Sieyes a voulu agir, il s'est montré; quand on ne l'a pas vu, c'est qu'il n'y était pas?* Nul caractère, en effet, disons plus, nulle complexion ne répugne davantage à l'esprit d'intrigue, au maniement ambitieux des affaires, à l'art de dissimuler ses opinions, à l'envie de chercher, de sonder celle d'autrui, d'y substituer doucement la sienne; enfin, aux formes souples et insinuantes, qui entrent essentiellement dans la composition des habitudes directoriales. Sieyes offre en tout les antipodes de ce qu'il faudrait être pour jouer le rôle que vous lui prêtez si gratuitement.

» La dernière des absurdités inventées sur notre auteur, consiste à le placer parmi les *faiseurs de Robespierre.* Ce bruit a de la vogue chez l'étranger; et dans l'intérieur, chez un assez grand nombre de personnes qui, vous écoutant, répètent tout ce qui se dit, sans jamais rien examiner. Ceux qui auraient pu s'y laisser tromper, jugeront de la vérité par un fait sur lequel il est bien impossible d'en imposer, dans la position où il se trouve, et au milieu de tant de témoins.

» Sieyes n'a jamais adressé la parole à Robespierre, ni Robespierre à Sieyes. Il n'y aurait à cela rien d'extraordinaire, s'ils n'avaient pas été l'un et l'autre des deux assemblées constituante et conventionnelle. Une pareille circonstance sert à rendre le fait remarquable. Il n'y a donc jamais eu entre ces deux hommes, un seul mot de correspondance parlé ou écrit; jamais ils ne se se sont trouvés ensemble, ni à table, ni dans la société; jamais ils ne sont restés assis à côté l'un de l'autre à l'assemblée. Robespierre a attaqué Sieyes sans le nommer, trois ou quatre fois, soit aux jacobins, soit à la convention; celui-ci n'a pas fait de réponse. L'état de leurs rapports est court, comme l'on voit; il n'en contient pas moins *toute* la vérité pure, notoire et sans exception. Sieyes est par conséquent le dernier homme auquel il soit permis de songer pour former une accolade avec Robespierre. C'est précisément sur lui que l'aristocratie, toujours ingénieuse, toujours de bonne-foi, a eu l'esprit de bâtir le beau chef-d'œuvre de supposition qu'on vient de lire. Mais, comment a-t-elle pu faire circuler un bruit aussi évidemment dénué de toute espèce de fondement? Comment? demandez à l'ignorance, à la légéreté, à la haine aveugle, qui, unies, serviraient de raison suffisante à toutes les sottises de ce monde ».

Tel est le géant, le fondateur de la régénération sociale : telle est l'esquisse de ses travaux politiques.

Nous sommes arrivés au terme de notre entreprise : que ne puissions-nous dire aussi que nous avons atteint le but conciliateur où nous tendions ? Puissent les hommes incertains se prononcer, ceux de mauvaise foi s'améliorer, et les calomniateurs rester à jamais confondus ! Mais nous ne nous sommes point dissimulés le blâme qu'encourrait cet ouvrage de la part du philosophe modeste qui en est le principal objet. Le besoin insurmontable de proclamer des vérités utiles à la patrie, nous a seul donné la force de surmonter cette considération. Espérons que cette pure intention diminuera la répugnance qu'il éprouve à laisser entretenir le public des services éminens qu'il a rendus à la cause populaire.

FIN.

www.ingramcontent.com/pod-product-compliance
Lightning Source LLC
Chambersburg PA
CBHW070753270326
41927CB00010B/2124
* 9 7 8 2 0 1 3 5 2 0 4 2 3 *